52

FORMAS DE
ESTIRAR EL DINERO

52
Formas de estirar el dinero

Kenny Luck

Editorial Betania

© 1995 EDITORIAL CARIBE
P.O. Box 141000
Nashville, TN 37214-1000

Título del original en inglés: *52 Ways to Stretch a Buck*
©1992 *by Stephen Arterburn and Kenny Luck*
Publicado por *Oliver-Nelson Books,*
a division of *Thomas Nelson, Inc.*

Traductor: *David Swindoll*

ISBN: 0-88113-227-6

Nota del editor: El propósito de este libro es transmitir únicamente información general. Se aconseja al lector que pregunte a las autoridades correspondientes cuáles son los requisitos mínimos de seguro y que consulte a su asesor financiero.

Impreso en EE.UU.
Printed in U.S.A.

E-mail: caribe@editorialcaribe.com

3ª Impresión

<u>Dedicatoria</u>

*A mis preciosas
Christine y Cara*

Contenido

Reconocimientos

Mi reconocimiento especial en primer lugar a Steve Arterburn por confiarme este proyecto. Estoy agradecido por la oportunidad que se me ha brindado y honrado por estar a la par suya.

Mi esposa, Chrissy, es ciertamente la heroína de mi vida. Gracias por ocuparte de tantos trabajos en estos tiempos de tanta actividad. Eres la mejor esposa, madre, amiga, cocinera y editora, además eres mía.

Introducción

«¡Comenzó la cacería!» Estas son las palabras famosas del joven Sherlock Holmes y son un buen grito de batalla para este libro. En vez de resolver un misterio, éste descubrirá formas de ayudarlo a ahorrar dinero. Todo lo que debe hacer es volverse partícipe, tal como si fuera una búsqueda de huevos de pascua.[1] Están en cualquier parte y casi todos encontrarán al menos uno. Esa es mi esperanza: que encuentre por lo menos una forma de ahorrar que le sirva. Si halla más, mejor. Si consigue oro, ¡fantástico!

Lo bueno de la búsqueda de huevos de pascua es que no hace falta ningún talento intrínseco. La persona necesita los ojos para ver y la voluntad de usarlos. Si está dispuesto a hacer un inventario de sus gastos y mirar debajo de algunas piedras, tal vez le sorprenda lo que encuentre.

52 formas de estirar el dinero convoca a los asesores financieros y a los que luchan por sus finanzas a unirse a la cacería. Todos están en un plano de igualdad. Busque las ideas más fáciles y prácticas para su caso. Podrá utilizar algunas de inmediato y otras, más tarde. La clave está en personalizar cada concepto de ahorro para que sirva en su situación.

Utilice su habilidad para la caza. Los que desean ahorrar, se pueden comparar a los rastreadores. Los ahorros de dinero pueden encontrarse en lugares tan obvios que no los ha procurado allí, otros estarán en los rincones y en las grietas de sus

---

[1] Juego en que se esconden huevos cocidos decorados para que los participantes los encuentren. Se juega en Semana Santa.

gastos diarios. Por fortuna no hay límite de tiempo, además hay muchos huevos para encontrar.

Mi esperanza, como colega en la cacería, es que salga con muchos huevos, se divierta y tenga la satisfacción de obtener un buen resultado. Tal vez lo más importante de este libro es ayudarlo a descubrir otros principios que surgen al gastar menos dinero y pasar más tiempo con los seres queridos.

1 Negocie para ahorrar

Si va a cualquier gimnasio de hoy en día puede verlo. Si visita la sección de pesas lo oirá. Pregúntele a «Mister Olympia» cuál es su secreto y él se lo dirá. ¿Quiere saber? Me refiero al dicho que reza: «Sin dolor, no hay ganancia».

Este es uno de los proverbios más veraces y sabios que haya concebido la mente humana. Se lo puede utilizar en la toma de decisiones, en los matrimonios, en las amistades, en el crecimiento espiritual, en el fisiculturismo o en cualquier otra meta importante de la vida. Nos explica una realidad fundamental. Si hemos de mejorar, alcanzar metas, lograr objetivos, debemos estar dispuestos a arriesgar y sacrificar algo.

Sería bueno que los consumidores entendieran y aplicaran este principio cuando compran bienes y servicios. La mayoría pierde cientos de dólares por año, y hasta miles a través de un tiempo mayor, porque tienen miedo de discutir el precio o porque no toman el tiempo debido para estudiar la compra.

Es fácil obtener ahorros sustanciales con una simple negociación, y casi siempre, sin molestia alguna.

Nunca está de más discutir el precio   La razón principal por la que vale la pena negociar un poco es que los comerciantes por lo general están motivados a mantener alto el volumen de ventas y a bajar el inventario. Por lo tanto, casi siempre están dispuestos a ofrecer descuentos entre el veinte y el cuarenta por ciento en la mayor parte de la mercadería. Muchos clientes no consiguen un descuento por no preguntar: «¿Puede ofrecerme un mejor precio que este?»

El conocimiento da autoridad   Ya sea para negociar un tratado sobre armas nucleares o para la compra de un auto de lujo, cuanto más uno sabe, mejor preparado está para ganar. Sin conocimiento adecuado uno está a merced del vendedor.

La clave es esta: si quiere grandes ahorros, tómese un poco de tiempo para el análisis.

- Compare.
- Procure recomendaciones de otros.
- Averigüe cuándo llegan nuevos embarques.
- Descubra cuándo es el mejor momento para la negociación: fin de mes, cierta temporada, días lluviosos, etc.

Recuerde esto, los vendedores oyen al cliente que está bien informado.

Nunca tema irse sin concluir la transacción   No importa cuánto uno quiera cierto producto, a veces da buen resultado decir: «Muchas gracias por la oferta, pero la debo meditar». Deje su nombre y número de teléfono al vendedor. Tal vez le sorprenda el resultado.

2   Cena para dos

Aunque comer fuera debería ser la excepción y no la rutina, cenar en un lugar agradable de vez en cuando podrá ser refrescante para parejas muy ocupadas. El esposo, y el novio, que desea agradar a su pareja puede hacerlo sin vaciar su cartera. El primer año de nuestro matrimonio, mi esposa y yo, descubrimos un modo poco usual para ahorrar y aprovechar nuestra intimidad.

Un amigo nos dijo que buscáramos en el diario el anuncio de apertura de un nuevo restaurante en nuestra zona. Lo encontramos, lo recortamos y pusimos a prueba la oferta de dos cenas por el precio de una. El restaurante parecía ser lujoso pero no nos asustó. Revisamos el menú y nos dio una buena impresión. Luego de haber disfrutado de una comida completa nos fuimos, después de pagar menos de $15.00 por todo. Es una ocasión que vale la pena repetir.

Ahorros «mmmdeliciosos»   El mejor lugar para encontrar cupones es el diario local. También observe la sección de comida de un periódico importante. Por último, vea la correspondencia recibida que siempre los trae. Si viaja, las guías de restaurantes casi siempre tienen varios cupones de los anunciantes.

- Ubique y recorte los cupones
- Léalos con cuidado para asegurarse de que su fecha no coincida con un fin de semana u otra restricción. Haga reservaciones si es necesario.

- Haga arreglos para el cuidado de los niños.
- Infórmele a su pareja de la velada en forma novedosa. Para mí, lo mejor es una notita pegada en el espejo. Hágale saber la fecha, la hora y el vestuario requerido.
- Cuando llegue al restaurante verifique con el mozo la validez del cupón.
- Disfrute la comida y felicite al chef.
- Dé la propina sobre el precio completo. El mozo trajo comida para dos personas.

Con el ahorro de la cena pueden ir al cine, haciendo la velada más especial. Bajar el costo de vida puede ser una sensación muy confortable.

3 Emplee los cupones

Están ahí no más, esperando que alguien los recorte. Tiene dudas. Sabe que los cupones le ahorrarán dinero, pero ¿valen la pena? Buscamos excusas con facilidad para no recortarlos. Tal vez no puede encontrar su tijera, o la última vez que fue a buscar los cupones en el cajón de la cocina no pudo encontrarlos. Supongamos que encuentra la tijera y que guarda los cupones en un sobre, pero cuando llega a la caja registradora del negocio se da cuenta de que lo dejó en casa. Aun peor, los cupones que con tanto esfuerzo cortó, guardó y trajo al negocio están vencidos. ¿Cuál es el resultado? Tiempo perdido, cupones inservibles y vergüenza.

Para aquellos que están frustrados, indecisos o desmotivados a volver a usar esa sección del diario, hay esperanza. No se rinda aún. Se pueden ahorrar cientos de dólares anuales y este capítulo lo va ayudar a alcanzar ese objetivo. La solución se encuentra en utilizar un sistema que funcione.

Este plan sencillo lo ayudará a reducir grandemente los gastos por compras en el mercado y eliminará muchas de las frustrantes dificultades que ocasionan los cupones. Tenga paciencia. ¿Se da cuenta que con un uso limitado de ellos podrá ahorrar más de cien dólares al año? Así que aunque esté en un equipo de ligas mayores o menores del deporte del cupón, podrá sacarle algún provecho a lo que se describe a continuación.

1. Dónde encontrar los cupones

- En el diario del domingo.
- En el paquete de ciertos productos.
- En el correo (abra toda la correspondencia promocional, tal vez le sorprenda ver lo que puede ahorrar).
- En las revistas.
- En las circulares de los negocios.
- En la sección de comida del diario local.
- En un libro de cupones (fíjese que el ahorro que ocasionen los cupones sea mayor que el costo del libro).
- En el negocio (revise los avisos al entrar al mercado).

2. ¿Cuáles cupones debería recortar?

Empiece con poco. A veces, demasiados cupones producen mucho bulto y terminan en la basura. Haga una lista de los productos que usa en forma regular y recorte siempre los cupones correspondientes. Luego, amplíe su archivo en forma gradual para que no se haga una carga pesada. El ahorro de dinero es contagioso, por lo cual la reserva de cupones aumentará con constancia y aprenderá la mejor manera de usarlos.

3. Organice los cupones

Haga un sistema adecuado para usted. Primero decida el método de almacenaje y organización de los cupones. Puede comprar un archivo compacto que quepa en la cartera o puede hacerlo con una caja de zapatos. Algunos prefieren sobres rotulados con las distintas categorías. Luego, decida cómo clasificarlos: por tipo de comida, por número de pasillo del mercado o por fecha de vencimiento. Use lo que le parezca mejor.

4. No salga de casa sin ellos

Nunca salga de la casa sin llevar los cupones. Guárdelos en su cartera. De modo que los tenga cuando los necesite y no perderá oportunidad de ahorrar dinero.

5. Cómo duplicar los dólares

Compre donde dupliquen el valor de los cupones. Algunas personas compran en un negocio que duplica el valor de los cupones de ciertos productos y el resto en otro que ofrece grandes descuentos. Nuevamente, hablamos de ahorrar dinero: un cupón de $0.50 se convertiría en $1.00, dos cupones ahorrarían $2.00, etc.

6. Inventario mensual

Al comenzar el mes, debe revisar todos los cupones y sacar aquellos que vencen en ese período. Haga sus menús en base a lo promocionado. También debería tratar de utilizarlos cuando el producto a comprar está en venta especial. Por ejemplo, una semana los pañales desechables se vendían con $1.00 de descuento sobre el precio normal de $10.99, y duplicando un cupón de $1.00 tuvimos un ahorro de $3.00.

7. Dos diarios el domingo

Si su diario del domingo tiene cupones especialmente buenos, sería una excelente idea comprar dos ejemplares. Sin embargo, fíjese si el gasto adicional le dará mayores descuentos que el precio del diario.

8. Cuándo no usar el cupón

No use el cupón cuando puede comprar otra marca que ofrece un producto semejante, que cuesta menos y que es de su gusto.

9. ¿Qué tamaño comprar? ¿Grande o pequeño?

A veces es mejor comprar los productos en envases pequeños que en grandes ya que los cupones son en base a un monto específico y no a un porcentaje del valor. Compare los precios por unidad respecto al valor normal descontando un cupón sencillo y uno doble. Vea el cuadro comparativo de los precios unitarios de las sales de baño Johnson:

Producto	Precio	Precio unitario	Producto	Con cupón	Con cupón doble
9 onzas	$2.39	$0.265	$0.40	$0.221	$0.176
16 onzas	$3.89	$0.243	$0.40	$0.218	$0.193

En este caso es más barato comprar el tamaño pequeño si se duplica el valor del cupón. De lo contraio, sería más económico adquirir el mayor y no haría falta reponer el producto tan rápidamente.

10. Un buen regalo

Obsequiar una colección de cupones no sólo es gratis, sino que brinda grandes ahorros. Compre o haga un archivo de cupones y llénelo para toda ocasión. Para bodas, consiga muchos de productos para el hogar (por ejemplo, para detergente, especias, enlatados, etc.). Para una futura mamá: cupones para pañales, toallitas de limpieza, biberones, artículos para la habitación del bebé, detergente para niño, etc.

Guardar cupones es una de las maneras más fáciles de estirar el dinero de la comida. Con un buen sistema usted puede ahorrar cientos de dólares al año en gastos de alimentos. ¡Y no son boberías!

4 Vacaciones fuera de casa

¿Qué son unas buenas vacaciones? Su respuesta a esta pregunta determinará cuánto de su presupuesto deberá destinar a ellas. Para algunos, la distancia es lo importante. Para otros, son los lugares (reales o imaginarios). «Estuvimos en Biltmore». Otros hablarán de lo que comieron o lo que compraron para traer a casa. Estos elementos no son el todo, sino sólo parte del cuadro de unas buenas vacaciones.

Estas respuestas tienen dos cosas en común. Ambas demandan dinero y no involucran el contacto interpersonal. Cuando pregunto a la gente sobre sus vacaciones, siempre me sorprenden las respuestas que mencionan las «cosas» y no hablan de sus experiencias con otras personas. El valioso tiempo junto a los seres queridos señala la categoría e indica el alcance del propósito de los días de descanso para usted y su familia. Mejor aún, es la premisa que enuncia que la calidad del tiempo unidos *no* está supeditada al monto de dinero que se gasta.

La calidad de las vacaciones está cerca de casa La forma más fácil de planear las vacaciones es llamar al agente de viajes y pedirle que haga todos los arreglos. Pero, el precio será más caro y no necesariamente serán mejores vacaciones. La persona *ideal* para planearlas es usted.

- Solicite información en las oficinas de turismo local, del propio estado y de otros cercanos, así como a su agente de viajes. Considere los parques nacionales o estatales, playas y otros lugares al aire libre. Si las vacaciones al aire libre no son de su preferencia, considere la posibilidad de visitar ciudades cercanas y regiones con riqueza cultural y con tradición. Existen festivales todo el año en distintos lugares del país y cada uno tiene su énfasis y variedad de actividades.

- Defina las tres mejores opciones y expóngalas a su familia para que entre todos decidan. Esta es la primera experiencia de las vacaciones que los involucra a todos.
- Elija las opciones que sean suficientemente cercanas como para viajar en auto o en tren. Este último no es sólo más barato que el avión, sino que es una experiencia agradable y memorable para los niños.

Planee cómo ahorrar en el viaje   Una vez que la familia ha elegido el lugar, debe planear el hospedaje, la alimentación, las actividades a realizar y los gastos. Luego piense y planee cómo ahorrar.

Una de las maneras más fáciles de no gastar mucho en las vacaciones es viajar con otras familias, amigos o parientes. Se puede recortar hasta un 75 por ciento del costo del transporte y entre un 60 y 75 por ciento del costo de hospedaje. Si opta por esta alternativa, debe tener la certeza de llevarse bien con esas personas.

Prepare una bolsa especial con viandas, jugos y frutas para comer mientras viaja. Podrá apaciguar los apetitos voraces y ahorrará en comidas rápidas (restaurantes de carretera).

Trate de encontrar alojamiento con cocina. Así puede comprar en los mercados locales y preparar comidas fáciles como espagueti, burritos, sopa, emparedados, etc. Su agente de viajes podrá ayudarlo a encontrar la mejor tarifa para lo que busca. Si es apropiado y posible, quédese con sus parientes un día o dos.

Planee actividades que demanden la participación familiar y la interacción. Andar en bicicleta, escalar montañas, visitar museos, navegar, andar en trineo, pescar, esquiar, ir a lugares históricos son actividades que quizás costarán menos que ir al parque de diversiones, lo cual prefieren los niños aunque no los mayores. El enfoque debe fijar los recuerdos.

En este sentido, el tomar fotografías o filmar el viaje revivirá sus vacaciones en los años venideros.

5 Las fluctuaciones mensuales

Las ruedas del comercio giran con una regularidad anual pronosticable. La clave está en planear el momento de las compras.

Enero   Por tradición, las ofertas posnavideñas y de año nuevo incluyen los trajes de hombre, lencería, electrodomésticos y muebles.

Febrero   La época del romance ofrece grandes descuentos en la porcelana china, la cristalería, la plata, los colchones y la ropa de cama.

Marzo   Busque las ofertas especiales para ropa de la pretemporada primaveral. Los equipos de esquiar están rebajados.

Abril   Las ofertas empiezan otra vez después de la Semana Santa, en especial en la ropa.

Mayo   La limpieza de la primavera indica ofertas especiales en los productos para el hogar. Este es un buen mes para la compra de alfombras.

Junio   Este es el momento para adquirir muebles. El reabastecimiento semianual está llegando a los negocios y hay que liquidar el inventario antiguo.

Julio   La mayoría de las tiendas liquidan sus existencias en este mes para dar lugar a los productos de otoño. La ropa y el atuendo deportivo, las herramientas y los equipos de jardinería están en rebaja.

Agosto   Si desea comprar un auto, este es el mes de las liquidaciones para los modelos del año en curso. También, todos los productos relacionados con el verano se ofrecen con descuento. Encontrará buenas ofertas en los muebles de patio, las cortadoras de césped, las herramientas de jardín, el equipamiento de barbacoas y campamentos.

Septiembre   Las mejores compras se logran hacia *fines* del mes. Si puede prorrogarlas y no hacerlas en los primeros días de escuela, ahorrará mucho en la ropa de moda para este año.

Octubre   Este es el mes para hacer las compras navideñas. Las tiendas desean aumentar las ventas en esta pretemporada.

Noviembre   La ropa de lana, desde los abrigos de mujer hasta los trajes de hombre, bajan drásticamente pues en este mes los comerciantes desean reducir el inventario para recibir el segundo embarque de la temporada.

Diciembre   Después de agosto, este es el mejor momento para adquirir un auto nuevo.

6 «Mamá, papá: ¡Manden dinero!»

¿Alguna vez ha notado, cuando las cámaras recorren la multitud en los partidos de fútbol universitario, que aparte de los gritos y los banderines, pueden verse carteles que dicen: «¡Mamá, papá: Manden dinero!»? La imagen del estudiante universitario necesitado de dinero parece estar grabada en la psiquis nacional.

El típico estudiante pobre es aquel que tiene automotivación, no cuenta con ayuda financiera institucional y su familia aporta poco o nada para su manutención, entonces debe trabajar para poder afrontar los estudios. Si esta descripción señala la situación de su hijo, entonces los carteles son oportunos. Si no, debemos investigar cómo estirar los dólares de mamá y papá.

Vivienda y alimentación La necesidad de un lugar donde dormir y comer son gastos universales. El joven estudiante universitario debe encontrar nuevos sistemas para cubrir ambas necesidades. Edificios de dormitorios, comedores, fraternidades, hermandades, departamentos universitarios así como comer por su cuenta son parte de la experiencia colegial. A menos que viva en su casa y viaje a la universidad a diario, de cualquier forma querrá ahorrar en algunas de las áreas enunciadas.

Los dormitorios   Los edificios de dormitorios casi siempre son el mejor negocio en cuanto a la vivienda y el alimento se refiere. Muchas universidades tienen bien estudiado cómo albergar y alimentar a cientos de estudiantes eficientemente. Como son administrados por la institución educativa, normalmente son mucho más económicos que el alojamiento privado. Las comidas se sirven tres veces al día, lo cual le ahorra al estudiante el tener que comprarlas y prepararlas. Si es posible, debería quedarse dentro del campo universitario para no gastar mucho dinero.

Fraternidades y hermandades   Muchos estudiantes se sienten cómodos con el sistema griego y los padres están contentos con el bajo costo. En muchas universidades, el reducido alquiler mensual y la comida económica hacen que estos planes sean financieramente interesantes. Aparte de las finanzas, los estudiantes deberán evaluar si este ambiente es propicio para su desarrollo educativo y personal.

La vivienda fuera del predio universitario   La clave para el bajo costo de este tipo de vivienda está en encontrar compañeros con quienes compartirla. Por ejemplo, seis varones compartieron un departamento de tres habitaciones. Dividieron el alquiler entre seis sextos y hacían juntos algunas comidas (siendo la más frecuente, el desayuno). Y como beneficio adicional lograron consolidar amistades que durarían más allá de la época de estudios.

La comida   La compra y preparación de comidas no comprenden un factor a considerar si va a vivir en un dormitorio, en una fraternidad o una hermandad, pero son nuevas responsabilidades que deben asumir los estudiantes que habitan en departamentos. He aquí algunas claves para el ahorro en los gastos de comida en la universidad.

- Trate de traer provisiones de su hogar. Los comerciantes en las ciudades universitarias conocen bien a sus clientes. Los estudiantes pagan un precio alto por la comodidad, así que mejor lleve muchos productos que son fáciles de elaborar, como: sopas, pastas, cajas de macarrones, cereal, «bagels» [panes], mezclas para hacer panqueques, mantequilla de maní, pollo congelado, etc.
- Si necesita hacer compras en los alrededores de la universidad, esfuércese en salir del campo escolar para hacer las más importantes. Le sorprenderán los precios que encontrará a un par de millas de donde vive.

Lavandería   Lave su ropa en casa. Las máquinas públicas cuestan mucho y se las debe vigilar. Las lavanderías pueden llenarse de mucha gente.

Si debe utilizar una lavandería pública, lave la ropa blanca con la de colores claros en agua tibia y la oscura con la de colores brillantes en agua fría. Menos lavados significan menos gasto.

Utilice la máxima capacidad de la secadora, no la sobrecargue, pues la ropa quedará húmeda.

Los servicios públicos   El único servicio que ningún propietario cubre es el del teléfono. Es necesario un sistema apropiado para controlarlo pues los gastos por llamadas que nadie reconoce pueden ser fuente de frustración y discordia. La persona encargada de la cuenta debe explicar a los otros el procedimiento a seguir cuando la factura llega.

Debe incluir lo siguiente:

- Cada uno debe revisar la cuenta y reconocer en forma individual las llamadas a su cargo.
- Debe existir un libro donde se registren las llamadas de larga distancia.
- Todos deben reembolsar al encargado de la cuenta los gastos incurridos mucho antes de la fecha de vencimiento.

Una nueva mentalidad   La universidad ofrece una gran oportunidad a los jóvenes adultos para aprender principios de manejo de dinero. Los padres pueden guiar al estudiante a elaborar un plan de gastos y deben alentarlo a ser ahorrativo.

7 Las citas

¿Cuál es el propósito de una cita?

Si no es casado, en general se entiende que una cita es para conocerse mejor. Si es casado, eso es parte del matrimonio, puede agregarle tomar un descanso de los niños y restablecer la comunicación o el romance. El común denominador es estar juntos.

El único problema de las citas de hoy en día es que hay que agotar la cuenta bancaria. Los costos de una cena para dos y una película no son lo que solían ser. El estar juntos representa un gasto de entre $20.00 y $40.00 cada vez. Debemos tener creatividad económica, pues nunca dejaremos (o nunca deberíamos dejar de tener) la necesidad de pasar momentos juntos.

Una cita significativa Podemos tomar los lineamientos de la primera y repetirlos para tener éxito en el presente: tomarnos de las manos, prestar atención a todo lo que la pareja dice, estar alegres y compartir secretos. Debemos hacer cualquier otra cosa que contribuya al bienestar: «Me encanta estar contigo». Aunque todo esto parezca bien, a veces necesitamos un empujón, alguna actividad o lugar especial que hace que estas emociones afloren utilizando emociones o experiencias específicas.

En la universidad, una pareja iba a un café que servía postres, capuchinos y maravillosos cafés aromáticos al aire libre. Comían un dulce, tomaban café y conversaban. Era una cita perfecta para un estudiante universitario con recursos limitados.

Hoy el lugar ha cambiado, pero la tradición continúa. Ahora van a un café que tiene un patio que da a un lago. Cada vez que van allí la emoción los invade. Por supuesto, ya están casados y tienen una familia que atender, pero ese momento aún es mágico. La «cita del postre» los acompañará el resto de la vida. No obstante la situación económica, siempre tendrán una manera de salir solos sin gastar mucho dinero.

La «cita del postre» cumple el propósito de la salida sin el gasto enorme. Cenan en su casa, consiguen una persona que cuide los niños por unas pocas horas y comen postre en la cita. Gastarán entre $6.00 y $10.00 en algo que vale un millón de dólares para un matrimonio. ¿No es esto lo que se debe hacer siempre? Las mejores cosas en la vida son gratis (o relativamente baratas). Los momentos importantes son casi siempre económicos.

Pregúntese: ¿Dónde comenzó la magia?, ¿a dónde fuimos?, ¿qué hicimos? Seguro que su billetera estaba más vacía que ahora y eso no parecía importar.

8 Ahorre sin dolor

¿A dónde fue a parar todo el dinero?

Tazas de café, alquiler de videos, almuerzos con colegas, colectas de las «Girl Scouts», comidas para llevar y un sinnúmero de gastos difíciles de contabilizar en forma regular. El vuelto de los billetes de diez y de veinte se resbala entre los dedos como la arena, y cuando llega el momento de declarar los impuestos anuales, se rasca la cabeza con asombro. ¿Dónde fue a parar todo ese dinero?

Cuando usted vive de sueldo en sueldo (y sé lo que eso significa), sus ahorros no parecen darse la mano con la realidad. Por lo menos así parece. Aunque sienta que no puede ahorrar nada, puede abrir una cuenta de ahorro y acumular dinero sin notarlo. ¿Parece increíble? Eso es lo bueno de iniciar un ahorro automático del cinco por ciento de sus ingresos.

Verá que nada cambia en su diario vivir. La diferencia está en el dinero que imperceptiblemente desaparecía y ahora le reporta intereses. Su vida no cambiará y el ahorro se convertirá en una realidad.

¡Quiero empezar! Pregúntele a su empleador si tiene un plan de deducción automática y anótese. Destine cinco por ciento de sus ingresos a este plan. Si no lo puede hacer su empleador, instrúyale a su banco a que transfiera dinero de su cuenta corriente a su cuenta de ahorros cada mes. Gradualmente comprométase a un siete por ciento y luego a un diez por ciento.

9 Apoye al equipo local

La película *Hoosiers*, trata del afecto que existe en el estado de Indiana por el baloncesto escolar y de cómo se puede volver demasiado intenso para la comunidad representada y para sus jugadores. Aunque este es un subtema, no es lo que usted recordará de la película. Lo que uno recuerda es el encanto de llegar a conocer de cerca a un grupo de atletas jóvenes y acompañar su odisea hasta el torneo estatal final. Es una historia alentadora.

Experiencia propia   Aunque a menudo la habilidad de Hollywood de reflejar la vida real deja que desear, en este caso logró su cometido. En muchas regiones del país, el deporte estudiantil es más importante que el profesional. En efecto, mi esposa y yo experimentamos «la fiebre» en carne propia y participamos con frecuencia cuando vivíamos en Plano, Texas. Había una emoción especial en los once mil fanáticos que gritaban para alentar a los chicos que no jugaban por dinero. Esto es familia, es un sentido de comunidad y es una emoción que lo hace a uno ir una vez tras otra.

Al principio, asistir nos era indiferente, pero después del primer partido quedamos enganchados. Lo más interesante de todo es que no es imprescindible saber mucho del deporte. Tengo un amigo que lleva a su hijo de siete años a los torneos deportivos locales para pasar tiempo juntos y para disfrutar un interés común. Él opina que los deportes de secundaria son importantes para la época preadolescente de su hijo.

¡Dale!   Un beneficio de estos eventos es que el costo de la entrada es sólo una parte de lo que cuestan los profesionales y es más barato que el precio del cine para los adultos. Los niños por lo general entran gratis. Los deportes de secundaria son muy apropiados para los pequeños entre siete y doce, o para cuando empiezan a practicar los mismos deportes.

Si necesita un lugar para entretener a sus hijos y quiere que su dinero rinda:

- Llame a la escuela local y pregunte cuál es la programación deportiva y cuánto cuesta la entrada.
- Juege ese deporte antes de llevar a sus hijos para orientarlos y que puedan entenderlo.
- Prepare comida rápida o un postre después del partido para iniciar una tradición.
- ¡Juegue a la pelota!
- Lea en el diario local cómo va el equipo. Esta es una manera muy buena de lograr que sus niños se interesen en los eventos y en la lectura.

10 Póngase en línea con menos

Imagine el sonido del aplauso que emerge del sótano de una iglesia. ¿Aplausos? Sí, aplausos, y no en respuesta a un mensaje del pastor. Es uniforme y repetido. ¿Qué está pasando? ¡Una clase de ejercicios!

Esta gente descubrió una forma de ahorro en el ejercicio que mejoró su condición física y mental. Las clases de aerobismo, entrenamiento de pesas y programas de ejercicio físico suministradas a través de iglesias y de centros comunitarios dan buenos resultados.

Mucha gente que ha adoptado un estilo de vida deportiva paga sumas mensuales de dinero a clubes que se llevan cientos de dólares anuales. Un alto porcentaje de estas personas no asiste con regularidad.

Investigaciones de la universidad de Connecticut mostraron ventajas económicas y de motivación para programas comunitarios de ejercicios físicos. No sólo ahorrará cientos de dólares anuales en cuotas de asociación, sino que los estudios muestran que usted irá con mayor frecuencia. Esta encuesta demostró que los programas comunitarios dan mayor motivación, y un ambiente más agradable y amistoso de lo que pueden ofrecer los clubes privados.

¿Cómo puedo determinar si este tipo de programa es para mí?

Pregúntese:

- ¿Me interesa hacer ejercicios en forma regular?
- ¿Estoy pagando una cuota de asociación a un club?
- ¿Tengo necesidad de incrementar mi efectivo?
- ¿Tiene mi iglesia o comunidad local programas de ejercicios?
- ¿Tendrían algunos de mis amigos interés en anotarse conmigo?

Si respondió de manera positiva a cualquiera de estas preguntas, debería contemplar la posibilidad de acogerse a algún programa comunitario de ejercicios físicos. Llame a su iglesia y pregunte si existe este tipo de actividad y cuál es el horario. Si su iglesia no tiene, llame al centro comunitario local o al YMCA como alternativa.

¿Qué pasa si ya soy miembro de un club?

Si está financiando el costo de membresía de un club, algunas compañías lo dejarán retirarse mientras pague un porcentaje del saldo adeudado. Llame a la compañía financiera y pregúntele. No espere más. Póngase en línea y disfrute más por menos.

11 Cooperativa de niñeras

Un grupo de madres se reunió para discutir aspectos de la vida familiar, creatividad en la crianza y cómo sortear ciertos obstáculos de la misma. Después de una entretenida charla sobre cómo entrenar a los niños para ir al baño, tocaron el tema del cuidado de ellos. Una de las panelistas explicó cómo funciona el mecanismo de la cooperativa de cuidado desde bebés hasta niños de escuela primaria. Las madres pueden disfrutar de un día libre por semana para esparcimiento, compras, ejercicio o para diligencias.

Hay muchas ventajas en el sistema de cuidado cooperativo y los beneficios financieros son obvios. Cuesta poco o nada implementarlo. A continuación describo el funcionamiento.

¿Qué es la cooperativa de niñeras?

Es un grupo de madres que se turna en el cuidado de los niños en forma rotativa y de mutuo acuerdo. Las mamás pueden optar por el cuidado diurno o nocturno y no pagan nada. Se cambian los servicios, dándole al sistema la naturaleza cooperativa.

¿Cómo puedo iniciar una cooperativa de niñeras?

Júntese con amistades cercanas que tienen niños con intereses comunes. Necesitará un mínimo de dos y un máximo de cuatro madres para crear una buena cooperativa.

Reúnase con las madres por lo menos dos semanas antes de emprender las actividades de la cooperativa para hacer el cronograma más adecuado y para determinar cuáles son los días no laborables (sábados, feriados, etc.). Llene su cuadro con las actividades del primer mes, luego convoque a una reunión cada tres semanas para coordinar las actividades del siguiente mes.

Establezca reglamentos generales para que todas se ajusten y para que ninguna saque ventaja de otra y entiendan cuál es el compromiso. Por ejemplo, pueden escoger el día o la noche para su salida, el horario, etc.

Rotación de la líder en la organización de las reuniones de la cooperativa. Un líder cooperativo tiene la responsabilidad de llamar a los miembros para recordarles el horario de la reunión y para entregarles el programa de actividades a cualquiera que no asista a la misma.

¿Qué se debe hacer?

- Siempre deje un número de teléfono para localizarle.
- Llame para confirmar.
- Lleve algo que entretenga a su niño (su muñeco preferido, un video, etc).
- Obsequie comida o algún dulce a la persona que lo cuidará.

¿Qué es lo que no se permite hacer?

- No permita que un niño enfermo esté cerca de otros.
- Posponga su salida.
- No llegue tarde al lugar donde cuidan a su niño, pues las madres habrán programado con anticipación cómo usar el tiempo libre.
- No lleve juguetes que puedan dañar la casa de otra persona (plastilina, marcadores de colores, etc.).

¿Cuáles son las ventajas de la cooperativa de niñeras?

- Motiva a la intimidad de la pareja como un estilo de vida y lo estructura en el matrimonio.
- Ayuda al sostén mutuo, la comunidad y el servicio a otros.
- Desarrolla fuertes lazos de amistad entre los asociados.
- Ofrece excelente calidad en el cuidado de niños. ¿Quién puede cuidar a un niño mejor que una madre con experiencia?
- Permite ahorrar dinero.

¿Qué hacer cuando no se conoce a otras madres?

- Puede anotarse en alguna actividad para madres y niños del municipio y así conocer a otras mamás.
- Podría colocar un aviso en el boletín de la iglesia.
- Puede poner un aviso en el periódico de su municipio.

Cooperativa de niñeras

Programa del mes de _____

Semana 1: Días 6 al 11
D L M M J V S
Día libre de: Laura
Niñera encargada: Marta
Horario: 6:00 p.m. a 10:00
p.m.

Semana 2: Días 12 al 17
D L M M J V S
Día libre de: Marta
Niñera encargada: Juana
Horario: 12:00 p.m. a 4:00
p.m.

Semana 3: Días 19 al 24
D L M M J V S
Día libre de: Juana
Niñera encargada: Laura
Horario: 10:00 a.m. a 2:00
p.m.

Semana 4: Días 26 al 31
D L M M J V S
Día libre de: Laura
Horario: 1:00 p.m. a 5:00
p.m.

12 Un tesoro en el seguro del automóvil

Algunas veces los ahorros están frente a nuestros ojos, pero no los vemos. Simplemente escribimos los cheques y mandamos el pago por correo. Podemos evitar el gasto de cientos de dólares si conocemos los componentes de las pólizas de seguro y si evaluamos cuáles son nuestras necesidades básicas.

El primer paso es conocer cuál es la protección que necesitamos. Un programa básico tendrá los componentes que a continuación se describen:

- Daños a la persona.
- Daños a la propiedad.
- Daños por colisión.
- Cobertura total.
- Daños a la persona no asegurada.
- Protección médica o de daños a la persona.

Los analistas recomiendan no escatimar en la cobertura de la categoría de daños a la persona y a la propiedad. Sugieren una entre $100.000.00 y $300.000.00 para daños a la persona y $50.000.00 para daños a la propiedad. Los ahorros provienen de otras áreas a eliminar o reducir.

Colisión y cobertura total   A veces esto significa el cuarenta por ciento de las primas con franquicias que varían entre $50.00 y $1.000.00. Los deducibles son lo que usted paga de su propio bolsillo antes de que el seguro cubra. Si los elige elevados bajarán mucho las primas. Cada incremento de $100.00 de deducible por colisión bajará las primas entre un siete y un quince por ciento. De la misma manera cada aumento de $100.00 en la cobertura total bajará las primas entre quince y treinta por ciento.

Daños a la persona no asegurada   Como esta cobertura puede oscilar entre $30.000.00 por persona (con pago máximo de $60.000.00) y $100.000.00 por persona (con pago máximo de $300.000.00), esto costará entre $30.00 y $70.00 por cada póliza. Para poder determinar el alcance, tome en cuenta las fuentes de protección que ya tiene. Considere esta cobertura como suplementaria a la del seguro médico y de ingreso total. Contemple lo siguiente:

- La fuente de ingreso. Una persona empleada por cuenta propia podría necesitar más seguro que la que trabaja para una gran compañía.
- La cobertura médica costeada por los empleadores.
- La parte del ingreso obtenida por inversiones, pensiones, etc.

Cobertura médica   Si tiene seguro de vida o médico, su cobertura médica tal vez no sea necesaria. Si es así, podrá ahorrar otros $100.00 por año.

Protección de daños a la persona   Este renglón tiene la misma aplicación que el anterior. Si sus beneficios médicos incluyen la cobertura de gastos médicos motivados por un accidente, entonces podría recortar estos costos en un cuarenta por ciento.

Reembolso por automóvil de alquiler   Si tiene dos autos, debería considerar la eliminación de esta cláusula.

Seguro de remolque   Si es miembro de un club de automovilistas, no lo necesita.

Automóvil nuevo   Si está por comprar un automóvil nuevo, escoja un modelo con historia de pocas indemnizaciones de seguro. El instituto para la seguridad en la autopista de Alexandria, Virginia, puede enviarle información. Los autos que poseen una buena historia pueden ahorrarle hasta $200.00 por año, porque existen pruebas de que cuesta menos repararlos.

Descuentos   Averigüe cuáles descuentos pueden ofrecerle.

13 Los aniversarios

Se ha dicho que el *amor* se deletrea así: *t-i-e-m-p-o*. Decir, «yo te amo», pierde su significado si no se respalda con la dedicación de una cantidad proporcional de tiempo. Así que cuando decimos que no tenemos tiempo para algo, estamos definiendo cuál es nuestra prioridad. El mensaje es claro. Nuestros niños y cónyuges lo saben.

Es lamentable, pero nuestro mundo ha reemplazado el dedicar tiempo con soluciones rápidas. Nuestra cultura altamente tecnificada y alienada ha distanciado a las personas, sobre todo a los matrimonios. Esta espiral descendente ha dañado la relación entre los cónyuges a tal punto que los hombres tratan de corregir los problemas con la billetera. Esto es algo muy común.

A menudo ocurre que el hombre espera hasta último momento para planear el aniversario. Entonces, llama por teléfono a un buen restaurante y tal vez compra un regalo, o hace una reservación en un hotel. Supongamos que este esposo le entrega una rosa y una tarjeta para que empiece bien el día. ¿Qué es lo que recordará la esposa del aniversario? La mayoría de ellos dirían que recordará lo que más dinero costó. Casi todas las mujeres responderán que la rosa. ¿Por qué? Porque envía un mensaje muy significativo.

Los mejores aniversarios se deben a una inversión grande de tiempo y con poco dinero. Una docena de rosas rojas, caramelos, restaurantes caros, hoteles y regalos no pueden sustituir el estar juntos. Un aniversario bien planeado puede obrar maravillas en un matrimonio. Para el próximo, propóngase gastar menos dinero y más tiempo juntos en «vuestro día». He aquí algunas claves para lograr este cometido.

Planee un aniversario con éxito   Escriba grandes notas en los calendarios de su casa y en la oficina como señal de su aniversario. Anote en su agenda con un mes de anticipación: «Planear el aniversario».

Descripción de un plan modelo.

1. Anote cuáles son las actividades favoritas de su cónyuge:

- Salir a desayunar
- Ir de compras (provea una cantidad modesta de dinero para que ella gaste)
- Salir a tomar un café
- Pasear por un bosque o por la playa
- Ir a comer a su restaurante favorito

2. Elija dos o tres cosas de su lista en las cuales dedique mucho tiempo para hacer lo que a su cónyuge más le agrade.

3. Planee estar un día completo juntos. Tómese el día libre o utilice un sábado.

4. Coordine el cuidado de los niños. Este es el día en que debe mostrar su compromiso con su esposa. Explíqueles a los niños el porqué celebra este día, y dígales que cuando ellos se casen, harán lo mismo.

5. No le diga a su esposa cuáles serán las actividades del día. Déjela descubrir por sí misma lo que ha planeado.

Si van a pasar una noche en un hotel, averigüe si tienen alguna oferta que incluya la cena y el desayuno. Esto le ayudará a ahorrar dinero.

14 Estudio de mercado

Isuzu sabía lo que hacía cuando llamó Impulse [Impulso] al auto que fabricó. El nombre sugiere libertad de acción y emoción simultáneas. Muchos consumidores se emocionan o se motivan de cualquier manera para gastar libremente. La falta de restricción en cuanto al gasto es algo que nuestra cultura considera una virtud. ¿Será posible que los fabricantes lo supieran cuando le dieron nombre al auto? Si está decidido a ahorrar dinero en el mercado, va a tener que remar contra la corriente.

Las familias deben alimentarse, las casas tienen que limpiarse, el cabello debe lavarse, las cañerías necesitan destupirse, etc. Estudiar el mercado es una actividad de por vida. Muchos de nosotros gastamos cientos de dólares, cuando con poco esfuerzo podríamos ahorrar ese dinero.

Si pudiera ahorrar entre $10.00 y $25.00 cada vez que va al mercado y usted promedia un viaje por semana, podríamos decir que sumaría $520 en un año. Pregúntese: ¿Cuántas veces voy al mercado por semana? ¿Cuánto economizo en cada viaje?

Técnicas de estudio de mercado   Si tiene noventa minutos para dedicar a esta actividad, tendrá como pago cientos de dólares de ahorro anual, este es un plan a usar esta semana.

- Recorte, organice y use los cupones. Decida *no* hacer compras sin ellos. Búsquelos en el diario del domingo, en las revistas femeninas, en la correspondencia y en las propagandas de los mercados, para preparar su colección.

• Luego de leer las circulares del comercio y revisar los cupones, planee el menú para la semana completa.

• Elabore su lista de compras según el menú para esa semana. Nunca haga compras sin tener una lista; esto le ayudará a evitar los impulsos de compra.

• Saque sus cupones y organícelos con respecto a la ubicación de la mercancía en el negocio.

• Haga las compras rápidamente. Hay estudios que muestran que los consumidores gastan un promedio de $0.75 por minuto después de la primera media hora en el negocio.

Después de su primer viaje al mercado, introduzca el nivel de ahorros a la fórmula para calcular cuánto le economizará estudiar el mercado.

Dinero ahorrado/semana	Años/semana	Total anual de ahorros
_____ x	52	= _____

15 Coquetee con la deuda

La deuda es como una antigua novia o novio que no deja de llamar. Es algo así como si la deuda le hubiera pedido una cita, usted haya aceptado y ahora lamenta haber dicho que sí la primera vez. Usted trata de seguir adelante con su vida, pero cada mes le molesta la consecuencia de su decisión. Si hay una relación que desea cortar, es ésta.

El problema que existe es que no puede ponerle fin por completo. A usted le gusta coquetear con la deuda aunque su propia experiencia le dice que no es bueno. Tiene sus tentáculos alrededor suyo y parece que no se puede librar.

Un paso adelante, dos atrás   Cuando trata de librarse de la deuda, parece que está perdiendo la batalla. Usted pelea una batalla mental entre la necesidad de ahorrar y la de saldar la deuda. No se siente bien en cuanto a estar sin ahorros para emergencias, pero necesita reducir la deuda. Como muchos no podemos financiar una emergencia, optamos por poner efectivo en el banco y perdemos la oportunidad de eliminar la deuda. El problema de este enfoque a las finanzas es que la diferencia entre la tasa de interés a los depósitos y las tarjetas de crédito nos hace perder más dinero de lo que ganamos. Por ejemplo, su cuenta de ahorros puede ser que le pague seis por ciento, mientras que su tarjeta de crédito le cobra entre quince y veintiún por ciento.

Dos pasos adelante, ninguno para atrás   Una manera de eliminar la deuda es a través de un plan simple de consolidación. Tome un crédito garantizado con el patrimonio de su propiedad y con bajo interés para pagar el total de su deuda. Esto le ahorrará cientos de dólares anuales y le dará la posibilidad de asestarle un golpe certero. Consulte a su asesor financiero para ver cuál es el mejor plan para usted.

No se vaya por la tangente   Uno de los obstáculos para quienes han querido reorganizar sus finanzas ha sido aquellos gastos que no son mensuales y que requieren grandes sumas de dinero, como: primas de seguro y el registro del automóvil, emergencias médicas o dentales, reparaciones del automóvil, etc. Estos se interponen en el camino y detienen el progreso.

Actuar bien significa que hay que planear estos otros gastos. Una vez que haya definido los gastos anuales para los distintos renglones, puede activar un programa que lo ayudará a ahorrar la cantidad exacta cada mes. Así que la próxima vez que venga la cuenta, ya tiene el dinero. Yo llamo esto, un fondo de dinero, una cuenta corriente separada, exclusivamente destinada para estos gastos y emergencias.

Poco a poco   Pequeños depósitos a lo largo de un tiempo formarán una sólida cuenta de ahorro. La clave para salir de la deuda y para ahorrar es colocar un pequeño porcentaje (más o menos cinco por ciento) de su ingreso mensual en una cuenta de ahorro en forma sostenida. Los grandes depósitos para aumentar los ahorros casi siempre tienen como consecuencia extracciones dramáticas. Tener consistencia a través de un largo tiempo fortalecerá su confianza y sus ahorros.

16 Abierto al público

Un viernes por la tarde, cuando Juan volvía de su jornada diaria le preguntó a su esposa cuál era su plan. Ella respondió con un recorte del diario que decía: «Una navidad antigua». Tres horas más tarde Juan estaba en un acto al aire libre.

Decidido a pasar un tremendo momento, fue, mostró interés y pasó unos momentos que no olvidará. Artesanía, comida, cánticos navideños, actores, carruajes, exhibiciones y una noche invernal fueron las ofertas de la ocasión. Desde entonces, la respuesta de Juan a actos públicos ha cambiado. Su esposa y él la pasaron muy bien sin gastar mucho dinero. Aunque se corre un gran riesgo al asistir a eventos de esta índole sin una recomendación o sin experiencia, el sabor de descubrir algo bueno vale la pena. Los actos públicos son esfuerzos de buena voluntad con el ánimo de fomentar un sentido comunitario y de servicio. Este ingrediente se combina con la calidad del tiempo juntos y con la ausencia de presión a gastar dinero.

Variedad Si recibe el diario todos los días, verá que casi todos los viernes trae una cartelera de actividades comunitarias para el fin de semana. Muchas son gratuitas y le sorprenderá lo que presentan. Los eventos incluyen lo siguiente:

- Ferias de arte, artesanías
- Festivales de música y conciertos (clásica, jazz, etc.)
- Exposiciones de arte

- Encuentros deportivos
- Festivales de películas para niños
- Ferias culturales
- Demostraciones aéreas
- Temporada de teatros
- Desfiles
- Carnavales

Gastos reducidos   Aunque muchas excursiones necesitarán algún dinero, los actos públicos le permiten determinar el nivel de gastos y la cantidad de tiempo a invertir. Muchos de ellos podrán ser educativos e interactivos para los niños. De esta manera, las familias pueden tener gratas experiencias y fomentar tradiciones sin los costos y planificación que demandan las vacaciones. Como vemos, muchas de las mejores cosas en la vida son gratuitas.

17 Ahorros fuera de serie

Ventas caseras, pulgueros, negocios de venta de artículos en consignación y tiendas de baratijas, son tesoros a la espera de ser descubiertos. Su función la define el viejo dicho: «La basura de uno es tesoro para otro». Justo cuando un mueble o algún objeto de decoración ya no sirve en un lugar, encuentra utilidad en otro. Muchos de los artículos de segunda mano tienen una función específica para el comprador. Así que si usted es coleccionista o es un padre que necesita un mueble para la sala de juegos o una madre que desea redecorar su casa, los siguientes son los lugares donde encontrará lo que busca.

¿Qué puede encontrar?   A continuación, una lista con cosas que habitualmente encontrará en una venta casera y en negocios de consignación:

- Mesas de cocina y sillas
- Carteles viejos
- Joyería de época
- Libros viejos de decoración
- Juguetes
- Juegos de mesa
- Bancos de trabajo
- Bastidor de cama
- Cabeceras
- Escritorios
- Componentes de estéreo
- Sofás
- Ropa
- Sillones

- Butacas
- Armarios
- Estanterías
- Electrodomésticos pequeños
- Vajillas de porcelana china
- Cristalería

- Herramientas
- Lámparas
- Plata
- Ropa fuera de temporada
- Elementos de decoración navideña
- Equipos de deporte

Estas cosas se venden por una pequeña parte del valor al detal y muchas veces complementarán de manera especial los muebles que ya tiene en su casa. Otros artículos pueden reformarse levemente con poco esfuerzo y poca pintura para convertirse en algo de mucho valor para usted.

¿Cuáles son las necesidades de la casa?   Tal vez se beneficie con los descuentos de segunda mano.

Revise el directorio telefónico y la sección de los clasificados del diario para localizar ventas caseras y negocios con ofertas.

Pregúntese: ¿Qué es lo que debo adquirir sin gastar mucho dinero? Recorra su casa para ver qué cosas le hacen falta.

Prepare una lista de cacería. A continuación, un ejemplo:

- Mecedora para Cristina (futuro bebé).
- Gavetero para Gloria
- Equipo de herramientas para Alberto
- Platos de diario para la cabaña
- Elementos decorativos para el mantel de la sala.

Recorra los caminos. Use ropa cómoda y dispóngase a emplear varias horas manejando y caminando.

Antes de comprar algo, cerciórese de su durabilidad, seguridad, etc.

18 Es tan obvio que nadie lo lee

En esta sociedad apurada, acostumbrada al control remoto, los botones y los cajeros automáticos, tal vez haya que amarrarse a la silla para tomarse el tiempo de leer el diario. El problema es que en nuestro afán por no perder tiempo muchas veces botamos dinero. Aquellos que no se han tomado el tiempo de leer el diario local o de preguntar a los vecinos dónde conseguir los mejores precios, no saben lo que están perdiendo.

Si leyera el diario vería que puede ahorrar entre dos y cinco veces el valor de muchos precios al detal. Si lo que usted busca no necesariamente debe provenir de la estantería de un negocio o de una sala de exposición, alguna persona cercana quizás tiene lo que le hace falta y desea vendérselo. Una de las inversiones más lucrativas es el cuarto de dólar que demanda el diario.

Busque y encontrará una ganga   Una rápida leída de mi diario revela buenos negocios para los siguientes renglones:

- Armarios
- Elementos de remolque para carros
- Balanzas de baño
- Sofás
- Equipos de herramientas
- Tarjetas

- Equipos de pesas
- Bicicletas
- Jaulas
- Botes
- Estanterías
- Camas literas
- Cámaras de video
- Alfombras
- Autos
- Gatos
- Teléfonos celulares
- Porcelana china
- Clarinetes
- Loros
- Computadoras
- Fotocopiadoras
- Diamantes
- Platos
- Perros
- Casas de muñecas
- Secadoras
- Pesas
- Guitarras eléctricas
- Trenes eléctricos
- Bicicletas de ejercicios
- Máquinas de fax
- Cañas de pescar
- Camas
- Saxofones
- Coches para niños
- Equipos de ejercicio
- Trombones
- Trompetas
- Televisores
- Máquinas de escribir
- Videocaseteras
- Juegos de videos
- Violines
- Máquinas de lavar
- Vestidos de boda
- Sillas de ruedas
- Palos de golf
- Jacuzzis
- Cajas de música
- Escaleras
- Cortadoras de pasto
- Sillones
- Colchones
- Hornos microondas
- Muebles de oficina
- Órganos
- Motores fuera de borda
- Muebles de patio
- Alfombras persas
- Pianos
- Refrigeradores
- Escritorios
- Equipos de buceo

19 Ahorre energía

Algo que le causará risa es recordar el interés de un padre por apagar las luces que no se usan. Muchos actúan como guardianes de la energía. Cuando un niño se va de una habitación sin apagar la luz, la reacción del padre es decir: «La luz cuesta dinero».

Los gastos de energía de una casa y otros rubros podrían conformar una gran parte del presupuesto familiar. En vez de sobrecargar a mamá y a papá con la función de «policía», un plan de consumo podrá ayudarlo a ajustar las riendas en esta área de su presupuesto además de alcanzar otros objetivos. Involucra a todos, enseña a los adolescentes los conceptos de mayordomía y de recompensa, y en última instancia ahorra dinero en las cuentas. Esto resulta de la manera que a continuación se detalla.

Reunión familiar   Convoque a todos a una reunión familiar o utilice la cena para discutir el plan de ahorro de energía. Explique que si pueden reducir el consumo de energía y demás servicios, el dinero puede ser utilizado en otras áreas que específicamente beneficien a la familia entera. Usted puede asignar montos mensuales fijos a las mesadas de los niños, a la compra de videos para la biblioteca familiar, a viajes, etc.

Encargue a cada uno un área específica. Por ejemplo, una hija adolescente podrá encargarse del teléfono. Su responsabilidad será recordar a todos los que lo usan un plazo máximo de duración por llamada. Otras asignaciones podrían ser:

- Papá: vigilar el termostato
- Mamá: encargada del gas
- Hija: guardián de las luces y del consumo eléctrico
- Hijo: encargado de las duchas y del consumo del agua
- Otro miembro: guardián del teléfono

Tareas   El *vigilante del termostato* se asegura de que esté entre 65 y 70 grados en los meses invernales, y entre 75 y 80 en la temporada de verano. El *encargado del gas* se ocupa de que todos los equipos de gas sean utilizados con la máxima eficiencia. Los principales ejemplos son el horno y la secadora. Déle el puesto a quien se ocupa de la mayor parte de la preparación de comidas y del lavado de la ropa. Muchas veces el horno microondas gastará poco y consumirá menos tiempo que el horno a gas. Llenar al máximo la secadora, ahorra también los costos de lavandería. El *guardián de las luces y del consumo eléctrico* se ocupa de que no quede ninguna luz ni aparato eléctrico encendidos que no estén en uso. El *encargado de la ducha* se ocupa de que los miembros de la familia no consuman agua de más. El *guardián del teléfono* vigila que no haya excesos en el uso del mismo.

Usted puede agregar incentivos al retar a los encargados a encontrar formas de ahorrar en sus áreas otorgándoles beneficios especiales por sus ideas. Las tareas pueden variar cada mes. Mamá y papá calcularán el ahorro, y la familia decidirá cómo gastarlo.

Los padres deben respetar el compromiso familiar. Así que, aunque el plan enseña a los niños, requiere que los padres hagan lo que ofrecen para que todos se beneficien. Dependiendo del tamaño de su hogar, los encargados pueden ayudarle a ahorrar entre $20.00 y $100.00 al mes.

20 La guerra de postres

Este capítulo no trata de estrategias para una batalla ni de la Guerra del Golfo. Este título lo usamos para designar una noche de entretenimiento colectivo que comprende mucha diversión, comida y posibles conflictos cuando esposos, esposas, parejas y amigos juegan. Es un pasatiempo de alta calidad a un precio bajo. Más aún, cultiva un sentido de comunidad y edifica lazos de amistad al compartir experiencias memorables.

El horario   Planee el comienzo para las 8:00 p.m. para reducir el esfuerzo y el gasto. Los invitados pueden cenar en sus hogares sin tener que apurarse en llegar a la casa del anfitrión.

La comida   El anfitrión provee un postre, el café, los platos y los cubiertos. Los invitados deben traer un dulce cada uno. Como ya todos han cenado, sírvalos a intervalos.

El entretenimiento   Se pueden usar una variedad de juegos para adultos. De vez en cuando tenga una noche de juegos múltiples con un sistema de puntuación individual y por pareja. A continuación mencionamos algunos juegos adecuados para grupos: Monopolio, uno, dominó, cartas, esgrima bíblica, etc.

Como broche final, puede alquilar un video clásico para que todos lo disfruten.

Los juegos   A veces el espíritu competitivo molesta. Aunque en ocasiones una batalla saludable puede ser un elemento que ayude a la relación entre los invitados pues se pueden conocer en el contexto del juego.

Siempre es conveniente explicar el juego antes de empezar y dar la primera ronda sin puntaje como práctica ya que ciertos invitados puede que no conozcan los que usted haya elegido.

Cantidad de invitados   Como la mayoría de los juegos tienen un límite máximo de jugadores, no debería pasar de 10 invitados. Es posible que usted tenga los mejores postres en la ciudad, pero requiere un gran esfuerzo captar la atención de un grupo muy grande.

Una noche de batalla   Invite a sus amigos por teléfono o por escrito. Comuníqueles el día y el horario. Pídales que traigan un juego adecuado para un grupo grande.

Planifique la noche.

- Servir bebidas y conversar: 8:00 a 8:15
- Juego(s): 8:30 a 9:30
- Intervalo del postre: 9:30 a 10:00
- Juego(s) o video: 10:00 a 11:00

Variaciones   Después del postre, pueden caminar para quemar calorías. Estimula la conversación y es bueno para la digestión.

Para finalizar, puede agregar un toque espiritual a la noche expresando las necesidades de oración y orando unos por otros. Nunca se sabe si hay alguien con problemas en el grupo y necesita esa ayuda.

21 Prepárese para las fiestas

El espíritu de las festividades atrae los corazones al hogar. Hay algo acerca de este tiempo que hace que los familiares y los amigos se unan de manera especial. Aquí hay algunas sugerencias que lo ayudarán a sobrevivir las fiestas, hacer amistades y ahorrar dinero.

Cooperativa festiva de galletitas   Ahorre el tiempo, el dinero y la energía de cocinar varios tipos de galletitas con una cooperativa de galletas. Fíjese cómo funciona.

Se convoca a las personas a una casa donde deben traer un tipo de galletita o postre. La producción debe ser suficiente para que cada persona se lleve por lo menos una docena de galletitas de cada tipo.

Recuérdeles traer una fuente donde colocarlas.

Ponga los platos sobre la mesa del comedor para poder escoger galletitas de todo tipo.

Sirva café y té para acompañar las muestras después de preparar las fuentes. Puede aprovechar la ocasión para hablar de temas espirituales alusivos a la ocasión y orar.

Fiesta de navidad y cena rotativa   La preparación y el financiamiento de la celebración de la Navidad demandan mucho de la anfitriona. En vez de romperse la cabeza y vaciar la cartera, comparta la carga y haga una fiesta animada.

- Forme un núcleo de tres parejas para actuar de anfitriones de la fiesta.
- Asigne los entremeses, la cena y el postre a cada pareja.
- Envíe las invitaciones explicando que la fiesta empezará en la casa de los encargados de los entremeses y continuará en las otras dos viviendas.

Tentempié de medianoche   La fiesta de Año Nuevo puede llegar a extenderse mucho ya que la razón que congrega a la gente está relacionada con la medianoche. Para ahorrar dinero y conservar la energía empiece tarde.

Comience la fiesta después de la cena, cerca de las 8:00 p.m. Sirva refrigerios y postres livianos y haga hincapié en la diversión. Pídale a los invitados que traigan un postre o un refrigerio y usted, ocúpese de las bebidas y del café.

Cuando llegue la medianoche celébrela de alguna manera especial.

- Exprese las resoluciones o sueños para el año entrante.
- Conduzca una celebración de alabanza y de oración. Lea pasajes bíblicos relacionados con compromisos, además, hable y ore acerca de los nuevos propósitos.

22 Almuerzos para trabajadores

Un dilema común entre muchas personas que controlan sus gastos es cuánto usar en los almuerzos con compañeros de trabajo. Uno puede pensar en un mínimo de entre $3.00 a $5.00, y hasta $10.00 por ese hábito. La matemática simple nos muestra que eso representa un gasto semanal de $15.00 a $25.00, de $60.00 a $100.00 por mes y de $720.00 a $1.200.00 por año. ¿Qué podría hacer usted con $700.00 a $1.200.00?

Por otro lado, la excusa común es el tiempo. En nuestra cultura dinámica, las madres, los padres y los solteros tienen los horarios tan ocupados, que dificulta la elaboración de comidas para llevar. Aun cuando compran los ingredientes necesarios para preparar los almuerzos no los hacen. Un matrimonio que trabaja tiempo completo no debe permitirse *no* llevar el almuerzo la mayoría de los días.

«¿Qué puedo hacer?»

Prepare almuerzos que se puedan elaborar rápidamente y que puedan complementar con alguna fruta. La clave está en preparar algo que pueda usar por dos o tres días antes de cambiar o tener que ir al mercado otra vez. Con estos planes en mente, tome nota de los siguientes platos:

- Ensalada de pollo
- Atún o ensalada de atún
- Carne cocida, jamón o pavo
- Ensalada de pastas
- Espagueti
- Lasaña

«¿Cuándo preparar estos platos?»

El domingo por la tarde es el mejor momento para prepararse para la semana. Suponiendo que tiene todos los ingredientes, precisa dos horas luego de la cena. Podría cortar trozos de jamón o pavo, o preparar un recipiente de atún.

Este tiempo está bien aprovechado pues reduce el requerido en las mañanas para preparar el almuerzo. Lo mejor de todo es que uno no tiene que gastar dinero en restaurantes. Tal vez usted puede almorzar una vez al mes en un restaurante como premio.

23 Para los viajeros eventuales

El transporte aéreo se ha vuelto más atractivo desde que las aerolíneas comenzaron a ofrecer una variedad de incentivos para aquellos que elijen exclusivamente una de ellas.

El problema es que en América hay más pasajeros eventuales que frecuentes. Estas personas no consiguen volar suficientes millas como para gozar de un beneficio. Cuando llega el momento de visitar a sus nietos, ir a una reunión familiar o simplemente volver a casa, no se desanime. La diligencia y la paciencia le conseguirán una tarifa especial.

Compre por adelantado   La regla general es hacer la reservación con suficiente anticipación como para conseguir una tarifa baja. El único (y gran) inconveniente con las compras por adelantado es que contienen grandes penalidades y restricciones para el que desea cambiar los planes de vuelo. Normalmente, cualquier cambio costará el precio del boleto. Pero si su salud es buena y la probabilidad de que el viaje se dé es muy cierta, entonces ésta es la manera más fácil y rápida de ahorrar dinero.

Tarifas aéreas: tiempo de paz y tiempo de «guerra»   La industria aérea ha sido muy reaccionaria desde que se eliminaron las regulaciones. Esto tiene efectos positivos y negativos para el consumidor. Por un lado, las aerolíneas tienen la libertad de agobiar con precios altos a los miembros de la sociedad viajera. Por otro lado, descensos económicos, reales o aparentes, generan guerras de tarifas a nivel regional, nacional e internacional. Por fortuna para los consumidores, América posee tantos índices económicos que pueden causar estas variaciones que normalmente ocurren en forma anual. En algunas regiones del país hay tanta competencia que las tarifas son bajas todo el año.

Un agente de viajes que coopere con usted   Había un matrimonio que vivía en Dallas; viajaban con frecuencia a California. Su agente de viajes sabía que su presupuesto era limitado y que necesitaban ayuda. Debido a su diligencia, ella pudo conseguir pasajes de ida y vuelta por $165.00. Para obtener este descuento tuvo que comprar dos boletos de ida y vuelta que conectaran en Phoenix para cada pasajero. Si está dispuesto a hacer escalas, podrá obtener mayores descuentos. Tal vez tenga que retirar el equipaje del primer vuelo y colocarlo en el segundo, pero es un pequeño inconveniente que le reportará ahorros. Si no puede encontrar un buen agente de viajes, busque una guía aérea y encárguese de sus propios arreglos.

Si tiene tiempo...   Esta clave es para aquellos que poseen boletos y están viajando. Cuando en un avión no hay sitio para todos los pasajeros, se les ofrece una oportunidad a aquellos que no tienen prisa en viajar a cambio de cupones para vuelos futuros que valen cientos de dólares. Si tiene tiempo, esta es una manera fácil de ahorrar dinero.

24 Cómo ahorrar en los regalos de boda

Tal vez ha enfrentado de cerca una situación similar a la de un matrimonio joven. A lo largo de doce meses, siete parejas amigas se casaron. Ante estos casamientos y con un presupuesto ajustado, estaban indecisos acerca de qué hacer hasta que descubrieron algo que adoptaron como una estrategia futura.

Un día estaban de compras en un club de descuento y encontraron un buen termo para café a $10.00 y se les ocurrió que serviría como regalo de boda.

Compraron varios y, sin excepción, cada matrimonio les dijo que les era muy útil. Es extraordinario descubrir algo así. En ese instante les solucionó dos problemas grandes relacionados con la compra de regalos de boda. Primero, descartó la necesidad de hacer varios viajes para buscarlos, y segundo, evitó que la pareja gastara mucho dinero a último momento en forma impulsiva.

Descubra lo apropiado   Cuando usted sabe que tendrá varias bodas o que tendrá que ir a una despedida de soltero (a), ahorrará dinero si encuentra un regalo apropiado.

- Cuando esté de compras para el próximo casamiento, busque algún regalo de oferta que sirva a la mayoría de las parejas. Un termo para café no está mal, si no es para un familiar cercano.
- Cuando encuentre el regalo de boda adecuado, compre dos o tres para las ocasiones venideras. Si tiene muchos amigos o una familia grande, no lo dude.
- Guarde el recibo por si quiere devolver uno.

25 Colesterol financiero

El endurecimiento de las arterias es una condición que causa el engrosamiento y endurecimiento de sus paredes a través del tiempo. Si esto no se corrige, puede matar a la persona. La solución para este problema es modificar la alimentación y hacer ejercicios. En concreto, deben dejar de comer alimentos ricos en colesterol.

El presupuesto de muchas familias está pasando por un endurecimiento de las arterias. Se han acostumbrado a una serie de cosas o lujos que de abandonarlos podrían ahorrarles mucho dinero. La reducción de la grasa y el ejercicio de la autodisciplina y la creatividad en el gasto, mejorará la salud financiera.

Reduzca la grasa El recorte de los excesos en el gasto requiere la introspección y la sinceridad respecto a los deseos y a las verdaderas necesidades a largo plazo. Pregúntese lo siguiente: ¿En qué cambiará mi vida si elimino ciertas cosas? ¿Qué pasaría si las uso con menor frecuencia? ¿Cuál sería el beneficio para la familia? ¿Cuánto cambiaría mi presupuesto?

- Suscripciones a revistas
- Lavados de automóvil
- Niñeras
- Excesivo gasto en diversiones
- Comprar a crédito

- Comprar motivado por las necesidades en vez de planear las compras utilizando los cupones y los negocios donde están las ofertas
- Comidas fuera de la casa
- Compras impulsivas para satisfacer necesidades personales
- Llamadas de larga distancia
- Entretenimientos
- Vacaciones

Procure el equilibrio   El equilibrio produce libertad y el desequilibrio ataduras financieras. Una manera efectiva de utilizar mejor el dinero que tanto cuesta ganar, es recortando gastos innecesarios.

26 «Desinfle» los altos precios de los zapatos deportivos

Es un rito profundamente arraigado en nuestras vidas. Cuando comenzamos el primer día de clases o nos incorporamos al equipo de baloncesto, o nos compramos el primer traje, siempre hemos necesitado de un nuevo par de zapatos a la moda. Algunos estilos han estado más «de moda» que otros. Hay muchas marcas, pero siempre queremos usar la del momento.

Aunque ahora somos más viejos, más maduros, tenemos autoconfianza, y seguridad, parece que no hemos perdido la fascinación por los zapatos, en especial, por los deportivos.

Ellos ocupan el centro de atención y los comerciantes cobran precios elevados por los estilos de moda, algunos rompen la barrera de los $100.00. Para las familias con hijos adolescentes y adultos que atraviesan esta fase cultural en que nuestra identidad está íntimamente ligada a nuestros pies, tenemos que pensar pisando en tierra para obtener ahorros. He aquí algunas claves para economizar en las compras de zapatos deportivos.

Centavos   Grandes inventarios significan precios bajos. También, que los comerciantes con gran abastecimiento mantengan elevado el volumen para poder tener mayores posibilidades de negociación.

- *No* compre zapatos deportivos en las tiendas de un centro comercial de lujo a menos que esté liquidando la mercancía por cierre definitivo. Rara vez ofrecen más del diez por ciento de descuento en los zapatos que venden. Puede conseguir mejores ofertas en cualquier otro lugar.
- Compre en las grandes cadenas de negocios de deportes, las ventas directas de fábrica y mayoristas de calzados. Estos comerciantes pueden ofrecer entre un 25 y 40 por ciento de descuento por el simple hecho de tener mayores existencias; por lo general tienen mayor selección.
- Visite las tiendas de descuento de ropa. Negocios tales como Marshalls, Ross y T J Maxx a menudo reciben envíos de zapatos deportivos de alta calidad y los venden con descuentos que oscilan entre un 40 y un 60 por ciento.
- Si está cerca de un club de descuento o de venta al por mayor, busque en la sección de zapatos los últimos que han llegado. Tiene que ir en el momento justo, pues todo lo que está de moda se vende rápidamente.

Para encontrar dichos establecimientos, busque en las páginas amarillas los renglones «artículos deportivos» o «zapatos». Si conoce un punto comercial de venta directa de la fábrica, llámelos de antemano para preguntar si tienen una tienda de deportes.

27 Gane con la reparación del automóvil

La mayoría de los americanos ponen en un mismo plano el pago de la hipoteca de la casa con el de la reparación del auto. Se equipara la sensación de que no se puede mover sin ruedas con el hecho de que uno no puede vivir sin un techo sobre la cabeza. Así que, casi sin pensarlo, uno paga la cuenta. La diferencia es que la casa tiene muchas menos partes móviles, lo que minimiza la posibilidad de que deje de prestarnos el servicio.

El credo de la reparación del automóvil

Los ahorros en la reparación y el mantenimiento del vehículo pueden incrementarse grandemente cuando implementamos un plan para ello.

Deberíamos cuidar a nuestros autos como se nos instruye a tratar nuestra boca. El mantenimiento exhaustivo de los automóviles nos evitará grandes problemas y cuentas a pagar. Los problemas grandes no ocurren de la noche a la mañana. Como muchos en la vida, son el resultado de pequeñas cosas que decidimos *no* hacer y que deberíamos haber hecho. Estas transigencias, lapsos, decisiones, racionalizaciones o como quiera que las llame, tendrán el efecto de la bola de nieve y en algún momento acarrearán sus consecuencias.

Cómo evitar la cirugía automotriz y ahorrar dinero
Hoy puede tomar la decisión de ahorrar en la reparación si sigue una de las sugerencias enumeradas.

1. *Tome un curso simple de mantenimiento y reparación de autos.* Llame a una escuela local técnica, una universidad, una escuela secundaria o un centro comunitario para preguntar acerca de los cursos que ofrecen.

La inversión a corto plazo en el costo de los estudios y en el tiempo dedicado, le rendirá dividendos en la reparación de autos el resto de su vida. Usted aprenderá lo siguiente:

- Controlar el nivel de aceite.
- Agregar aceite.
- Cambiar el aceite y filtro.
- Revisar el nivel de fluido de la transmisión.
- Agregar aceite a la transmisión.
- Revisar y agregar el líquido para los frenos.
- Revisar y agregar el anticongelante para el radiador.
- Revisar y cambiar el filtro de aire.
- Instalar la batería.
- Reemplazar fusibles.
- Medir presión de aire de las gomas.
- Efectuar una entonación.

Realizar personalmente el manteniento básico es la mejor manera de ahorrar. La mano de obra es gratuita. Puede ahorrar cientos en costos de servicio y de entonación. Aprenda con un amigo.

2. Si usted no le hace el servicio a su propio auto, *encuentre a un mecánico apto* y pídale que establezca un programa de mantenimiento. Si no ha seguido los pasos del manual del auto, él lo podrá orientar. Averigüe dónde encontrar un mecánico de confianza preguntando a sus contactos, amigos o familiares.

3. Para las reparaciones mayores, *compare precios* de su mecánico, concesionarias y negocios especializados (frenos, silenciadores, transmisión, etc.), y encuentre el precio más bajo. Asegúrese que el lugar elegido tenga una trayectoria de confiabilidad e integridad.

28 Dinero por cachivaches

Cachivache. Tiene un significado especial para cada familia. Para algunos, es el equipo de pesca de papá guardado en el garaje. Para otros, es lo que está dentro del closet del pasillo. Para otros, es lo que está en la casita en el fondo de la casa. Todo el mundo tiene cachivaches.

A juzgar por lo que tiene en el garaje: muebles, maletas, tablas de surf, equipos de pesca, ropa vieja, equipos deportivos, discos, envases y muchas otras cosas acumuladas durante dos décadas, una familia con siete hijos podría ganarse el «cachivache de oro» de la vecindad. Familias grandes, cachivaches enormes.

El valor de los cachivaches En vez de tirar sus cachivaches, conviértalos en dinero en efectivo. Aproveche la limpieza primaveral para deshacerse de cosas innecesarias. Muchas familias pueden beneficiar sus finanzas al sacarle partido a los cachivaches.

Ya sea la limpieza primaveral o una mudanza, aproveche cualquier ocasión para vaciar su garaje y ganar un poco de dinero extra.

Haga una venta casera Aunque usted no lo crea, el mercado está activo y hay quien desea comprar su bicicleta oxidada y su viejo escritorio. Hágalo un fin de semana, ponga un aviso clasificado, coloque algunos carteles y prepárese para ganar. Le sorprenderá lo que algunos pagarán por sus cachivaches.

Póngalos en consignación   Si no quiere gastar sus energías en una venta casera, vaya al establecimiento local de productos en consignación y averigüe si podrían vender sus pertenencias. Sus cachivaches estarán mejor situados para la venta ya que estarán a la vista de compradores potenciales.

Obtenga una deducción impositiva   Junte todos sus cachivaches y regálelos a una organización de caridad (por ej: el Ejército de Salvación) y pida un recibo. Incluya estas donaciones en su próxima declaración de impuestos. Si usted dona cosas que valen $150.00 ahorrará entre $30.00 y $50.00 en sus impuestos.

Es posible darle una nueva vida a los cachivaches. Véndaselos a otros y reciba efectivo.

29 Muebles divertidos para niños

¿Alguna vez estuvo en una casa donde vio un mueble que parecía valer mucho y se enteró de que no lo compraron, sino que lo encontraron tirado? Estos elementos son los que reciben la mayor atención en cualquier hogar. Pueden estar en una habitación con muebles más caros, pero no parece importar. La diferencia entre éstos y los más caros es que tienen historia y los últimos no.

Equipar la pieza de los niños no tiene por qué ser difícil o caro. Puede usar cosas que encuentre en los pulgueros, los negocios de consignación y las ventas caseras.

Planee su invento   Incluya a un amigo en este proyecto y siga este plan.

Decida qué es lo que necesita. Busque en el diario dónde están las ventas caseras y los negocios de consignación.

Una vez que haya encontrado lo que buscaba, compre los materiales y prepare un área de trabajo. Necesitará lo siguiente:

- Patrones. Cómprelos en un negocio de arte (manualidades) o hágalos usted.
- Pintura. Necesitará una base blanca así como también colores primarios. Pregunte en el negocio si debe aplicar la pintura a soplete o con brocha.

- Trapos o cartones. Éstos se usan para evitar que se manche el piso.
- Cinta adhesiva. Úsela en los bordes y cuando pinte con varios colores una misma sección.

Lije levemente la superficie antes de pintar.

Aplique la base y luego los colores primarios. Ocúpese de los detalles para terminar su trabajo.

Párese a distancia y admire su obra de arte.

30 Qué cocinar cuando espera un bebé

Viajando en avión, un hombre expresó que él y su esposa iban a tener su primer bebé. Los primeros dos o tres meses después del nacimiento van a ser una prueba para todo padre en lo emocional y en lo físico. Las nuevas familias compran mucha comida hecha pues la mamá simplemente no va a poder estar mucho de pie y de acuerdo con la complejidad del parto, la cantidad de tiempo de reposo variará en forma dramática. El papá tal vez trabaja durante el día y viene a casa en la noche para ayudar a la mamá y a su bebé.

El futuro papá había planeado con su esposa cómo iban a manejar el asunto de las comidas una vez que tuvieran el bebé. Su plan sobre cómo reducir los costos de la comida es admirable.

Qué hacer Dos semanas antes de la fecha del nacimiento, esta pareja preparó una lista de comidas para precocinar y congelar. Las usarían después del parto. Los vegetales congelados los agregarían al momento, reduciendo el tiempo de preparación final al mínimo.

Un poco de planeamiento con los niños, la familia y los amigos podría resultar en grandes ahorros en comida para dejar más dinero en la cartera o más obsequios para el bebé. El plan es así:

- Haga una lista de los platos a los que están acostumbrados y que son fáciles de preparar y conservar. Por ejemplo: Salsa de spagueti, estofado, sopas y relleno para sandwiches.
- Separe dos noches en la semana antes del nacimiento del bebé para cocinar.
- Vaya al mercado para comprar los ingredientes (mejor aún: deje que su cónyuge vaya con un listado de compras con cupones).
- Invite a sus parientes y amigos a ayudar. Puede convertirlo en un festejo.
- Dé instrucciones escritas a cada uno con las áreas específicas de trabajo.
- Guarde todas las comidas en el congelador para usar después de la llegada del bebé y deje que el papá y sus amigos preparen las comidas.

Muchos ahorros   Darle de comer a dos adultos con comida de restaurante puede oscilar entre $5.00 y $20.00 con bebidas. Los ahorros para un período de tres semanas podrían llegar hasta $300.00. Así que si usted o alguien que conoce está por tener un bebé, planee con anticipación.

31 Los cajeros automáticos son engañosos

Es muy fácil sacar dinero y gastarlo. El cajero automático no nos pregunta: «¿Está seguro que necesita tanto?» Nos deja sacar lo que queremos, cuando lo deseamos. Por un lado nos gusta porque no lo sentimos, pero por otro la conciencia nos llama. Vemos quién ganó cuando reportamos los impuestos y analizamos cuánto de ello se gastó sin registrarlo adecuadamente.

Uso continuo   Los cajeros automáticos nos pueden causar problemas porque:

- Son demasiado convenientes.
- Explotan la falta de disciplina.
- No preguntan nada.
- No le indican el neto incluyendo los cheques no descontados.
- Facilitan las compras impulsivas.
- No le indican en qué gastó el dinero.
- Le cobran gastos por transacciones en cajeros que no pertenecen a su institución financiera.

Evite la cajeromanía   Tres sugerencias le ayudarán en esta área:

- Disponga un límite de la cantidad a utilizar.
- Conserve el recibo y registre en qué gasta el dinero en el reverso del mismo.
- Deje la tarjeta en su casa. Disponga una cantidad razonable prefijada a sustraer entre cada cobro de sueldo.
- Extraiga dinero solamente en sucursales de su banco para que no le cobren cargos.
- Deje la tarjeta en su casa para evitar las compras impulsivas.
- Nunca saque dinero en base al saldo que indica el cajero, sino del neto incluyendo los cheques no descontados.

32 Navidad en octubre

Los niños ya están de vuelta a la escuela. La temporada de fútbol ha empezado. Las hojas se están tornando rojas y anaranjadas. El aire está un poco más frío. El sol se pone más temprano. Papá tiene que abonar el jardín. No nos olvidemos que los niños no tienen clases el «Día de Colón». Tic tac, tic tac, y así se pasa el mes de octubre en los Estados Unidos.

Todo sigue su propio ritmo de vida, excepto un lugar: el centro comercial. El mes de octubre le trae un problema a los comerciantes, pues no hay ninguna festividad importante ni razón alguna para hacer compras. Entonces inventaron una solución, las ofertas de octubre.

En este mes, los comerciantes ofrecen la oportunidad de hacer compras navideñas en un clima relajado y con grandes descuentos. Conseguir la motivación tal vez requiera un poco de ajuste, especialmente si es usted un tradicional consumidor de «después del Día de Acción de Gracias». Pero el tiempo y el precio deberían darle el incentivo para cambiar. Si no está convencido, considere el síndrome del viernes negro.

El día después de Acción de Gracias, los americanos salen a buscar las «gangas». El resultado es una pesadilla de largas filas en las cajas registradoras, problemas de estacionamiento y mercadería agotada.

Las ofertas, las filas cortas, mucho estacionamiento, buena selección y plazos de descuento mayores deberían tentarlo. Si va a cambiar su estilo de compras, este es el plan.

Meta: «Quiero ahorrar tiempo y dinero, y mantener mi salud mental para las fiestas». Plan de compras en octubre. Marque su calendario hoy mismo. Escriba lo siguiente en el casillero para Octubre 1: «Compras de regalos de navidad»

Pregunte a los miembros de su familia qué quieren y qué necesitan. Escuche atentamente y anote.

Póngase el radar de las ventas. Esté atento a los anuncios en la televisión y en el diario, pues le orientarán.

Aproveche los momentos libres para hacer las compras. Si se sacrifica ahora, usted se lo agradecerá cuando vea aquellos que van a la lucha después del Día de Acción de Gracias.

Conserve todos los recibos y téngalos a la mano. Tal vez los necesite para devolver o cambiar algo. (Controle la fluctuación de precios; algunos negocios le reembolsarán la diferencia, si baja el precio de lo que usted compró.)

33 Analice los anuncios

Los anuncios brillantes y a colores en su diario reciben el nombre de avisos. Los usan sobre todo los mercados, las farmacias, las tiendas por departamentos y los negocios de venta de electrodomésticos para promocionar ofertas y ventas especiales. Es la batalla entre las farmacias y los mercados y entre las principales tiendas por departamentos.

Le permite comparar precios de productos diarios (alimentos y medicinas) y le indican dónde gastaría menos. El resultado es el ahorro en las necesidades familiares, ya sea en los pañales o en el fijador del cabello o en una filmadora. Le explicaré cómo sacarle provecho a los avisos.

Comparación entre el mercado y la farmacia   Lea los avisos y anote los precios de los productos en su lista de compras. Compárelos y haga una lista de las cosas que desea adquirir en cada tienda.

Procure descubrir la regularidad en las ofertas. Después de un tiempo, usted sabrá, por ejemplo, que: la farmacia A es el mejor lugar donde comprar pañales.

Fecha:_____

Cuadro comparativo de precios Mercado-Farmacia

Artículo	Mercado A Precio	Mercado B Precio	Farmacia A Precio	Farmacia B Precio
1. Huggies	$9.98	$8.75	$9.00	$9.50
2.				
3.				
4.				
5.				
6.				
7.				
8.				
9.				
10.				
11.				
12.				

Comparación de precios en las tiendas por departamentos
Del mismo modo debe preparar una lista de los productos que normalmente compra en las tiendas por departamentos: ropa, electrónica, herramientas, etc. Lea todos los anuncios y compare los precios de productos similares. Escriba una lista de lo que comprará en cada negocio.

Procure descubrir los patrones de precios en las distintas categorías de mercancía. En cualquier momento, uno de estos negocios ofrecerá los mejores precios en los productos de jardinería, en el equipamiento deportivo o en algún otro rubro.

Fecha: _____

Comparación de precios
de las tiendas por departamentos

Artículo	Sears	J.C. Penney	M. Ward
Filmadora	$799.00	$725.00	$674.00
Toallas de baño	$ 4.99	$ 6.99	$ 5.99

34 Más es mejor

No es un secreto que los grandes inventarios (grandes cantidades del mismo producto) significan un costo menor por artículo. Hasta hace poco el consumidor común no podía obviar al detallista y comprarle directamente al mayorista. Hoy en día, sin embargo, existen clubes de compras al por mayor que ofrecen descuentos para aquellos que adquieren grandes cantidades.

El problema común es que usted no puede comprar un solo artículo, sino muchos. Así que va a tener que irse con mucho dentífrico y papel higiénico. Es el precio del beneficio.

Una forma de evitar este problema es utilizar el principio de la cantidad. Únase a otras familias y divida la cantidad de productos a comprar.

Consiga las ofertas de los mayoristas   Hágase miembro de un club. Aunque distintos negocios tienen diferentes requisitos, son fáciles de obtener. Algunos son gratis; otros requieren que una empresa los represente. Si este es su caso pídale a su empleador que lo patrocine, o abra una empresa en su hogar para servir a sus amigos o para lucrar. (No se asuste. Una mujer comenzó un negocio de decoración en su casa para servir a sus amigos, inscribió a otras tres familias en el club. Aprendió el oficio por su cuenta y abrió una representación local de una gran cadena de productos de decoración.)

Invite a varias familias a participar de una red de compras colectivas. Para llevar esto a cabo, debe saber qué ofrece. Tal vez quiera dar un recorrido al negocio. Luego determinar qué se puede comprar en común, la cantidad y la regularidad.

Asigne un período predeterminado a sus compras, por ejemplo: una vez al mes o cada dos meses. El plazo debería darse en base al consumo de los productos.

La responsabilidad de las compras debe ser rotativa.

Cuando usted las haga, conserve los recibos y cuando otro las haga, reintegre o entréguele el dinero de antemano. Debe establecer un sistema de reembolso o de pago anticipado que sea práctico.

Compare los precios mayoristas con los del mercado local. Algunos productos contienen grandes descuentos, mientras que otros dan poco o ningún descuento.

35 De cupones a reembolsos

El beneficio de los reembolsos es parecido al de los cupones pero demanda más esfuerzo y organización. La ventaja es que puede ahorrar cientos de dólares en dinero en efectivo, en bonos del fabricante y en mercancía de regalo. Usted *gana dinero* cuando recibe reembolsos por artículos que ya ha comprado o que tiene la intención de adquirir, haya o no reembolso.

¿Dónde se pueden encontrar las ofertas de reembolso?
Busque en el diario y en los establecimientos. Cuando vaya de compras, busque en todos los pasillos, pues los fabricantes a menudo despliegan allí sus ofertas. Algunas tiendas tienen una cartelera en donde colocan las ofertas de reembolso. Otras fuentes pueden ser la correspondencia de propagandas, las revistas y las cajas de algunos productos. Revise sus alacenas, le sorprenderá encontrar muchas ofertas en las cajas y en las latas.

Guarde todas las ofertas de reembolso que encuentre. Normalmente le servirán un par de meses y tal vez quiera o necesite el producto en ese plazo.

¿Cómo aprovechar estas ofertas?   Las ofertas de reembolso casi siempre requieren el envío de varias pruebas de compra; éstas se encuentran en el envoltorio del producto, el código universal de producto (UPC) y, virtualmente, cualquier parte del envase.

Antes de tirar o reciclar un paquete, saque la prueba de compra. Tal vez quiera conservar todos los envases pues nunca se sabe si en el futuro habrá una oferta de reembolso. Guárdelos en una caja.

Conserve todos los recibos de las compras en el mercado. Algunas ofertas de reembolso requieren el envío del comprobante señalando el precio del producto adquirido.

Organice sus ofertas de reembolso   Separe treinta minutos por semana para organizar las ofertas. Consiga los elementos necesarios para obtenerlas, archive las pruebas de compra y los recibos y envíe todo por correo. Para facilitar el proceso, diseñe un formulario escrito en computadora o a mano y fotocópielo.

Ejemplo de formulario de reembolso

Fecha de vencimiento: _____

Oferta: _____

Requisitos: _____

Dirección: _____

Fecha de envío: _____

Fecha estimada de recibo del reeembolso:_____

Llegó el reembolso: Sí ❏

                                 No ❏ Reacción: _____

Ahorro total: _____

Este formulario le será útil en la preparación y envío de la oferta de reembolso. Use uno por cada reembolso y luego archívelos por fecha de vencimiento.

Tenga el archivo a mano cuando planee sus menús semanales y cuando haga la lista de compras. Llévelo al mercado como referencia para cuando decida qué productos comprar.

Si su reembolso no llega en doce meses, comuníquese con la sede central de la compañía que lo ofrece y explíqueles la situación. La dirección tal vez la encuentre en el envase.

Suscríbase   Al solicitar reembolsos, esa compañía lo incorporará a su base de datos para envíos de correspondencia promocional, lo que resultará en mayores beneficios.

Quizás reciba muestras gratis, cupones y más ofertas de reembolso.

Reembolsos en acción   Lo ideal se da cuando usted encuentra el producto que desea adquirir en oferta, usa un doble cupón y solicita un reembolso. He aquí algunos ejemplos:

Jabón «Tide»	[$3.49]
Cupón duplicado de $0.50	$1.00
Oferta de reembolso	$3.49
Timbre postal	[$0.29]
Ahorro total	En este caso, el producto fue gratuito y hubo una ganancia de $0.71.

Pañales al precio normal	$10.99
Pañales de oferta	[$9.99]
Cupón duplicado de $1.00	$7.99
Reembolso de $1.00	$6.99
Timbre postal	[$0.29]
Precio total abonado incluyendo el reembolso	$7.28
Total ahorrado	$3.71

¡Una compra similar una vez por mes resultaría en un ahorro anual de $45.00 al año!

36 Entretenimiento, crecimiento y desarrollo

Una de las mejores formas de entretenimiento, desarrollo social y crecimiento personal pasa casi inadvertida para la mayoría de los americanos. Muchos elegimos los pasatiempos en función de la promoción masiva y la notoriedad. Pero ha llegado la hora de invertir en lo que profundiza nuestro aprecio por la vida, por el prójimo y por aquellos talentos especiales individuales que nos ha dado Dios. No nos costará ni un centavo.

Las iglesias americanas, aunque no perfectas, ofrecen experiencias y encuentros que inciden en las necesidades prácticas y emocionales.

Conéctese con su iglesia

Por usted mismo
Además de los estudios bíblicos y clases educativas, su iglesia puede que ofrezca lo siguiente:

- Actividades recreativas
- Grupos para solteros
- Grupos para matrimonios
- Talleres de familia

- Grupos para futuras madres
- Grupos estudiantiles
- Ayuda a las personas con cáncer
- Grupos para padres solteros

Por los demás

Posibles áreas de ministerio:

- Ministerio coral
- Ministerio de la música
- Ministerio del cuidado de niños
- Ministerio de bienvenida
- Dar de comer a los pobres
- Ministerio teatral
- Misiones
- Ministerio de prisiones
- Programa de visita a los hogares de ancianos

Por la comunidad

La alabanza en masa contribuye de manera positiva a la vida y a la salud de la comunidad.

37 La trasnochada

Una forma fácil de conservar recuerdos memorables en las mentes de los niños es hacer que los grandes hagan algo que ellos disfruten. Debemos preguntarnos, ¿qué emociona a los niños? Recuerde cuando tenía menos de doce años y después responda. Puedo recordar algunas cosas que me gustaban mucho. Una, era la posibilidad de quedarme levantado con los «mayores» pasada la hora de ir a dormir. Otra, era comer muchos dulces desenfrenadamente.

Escúchenme los padres, si el costo ascendente de los entretenimientos le molesta y puede soportar un poco de anarquía controlada, ha llegado la hora de organizar una trasnochada familiar.

Comenzó la revolución   Explique a la familia lo que va a ocurrir en una noche determinada y que necesita ayuda para su planificación. Pregúntele a todos qué les gustaría comer, qué les gustaría jugar, qué películas preferirían ver, etc. Delegue la coordinación de todos los preparativos a los miembros de la familia.

Explique las reglas:

- Todos en pijamas
- Todos duermen en la sala (o en cualquier otro lugar asignado)

- No hay horario para irse a dormir
- Las peleas de almohadas tendrán sus reglas

Planee una comida simple (pizza, perros calientes, etc.) y disponga un horario para comenzar la reunión en la sala. No se da comienzo a ninguna actividad hasta que estén todos con sus pijamas.

Despeje un espacio grande en la sala y llénelo de almohadas, cubrecamas y bolsas de dormir.

Para el desayuno, cocine panqueques para concluir el festejo.

Horario

7:00 p.m.	Cena
7:45	Todos en pijamas; postre
8:30	Juegos de mesa
9:30	Pelea de almohadones
10:00	Leche con chocolate; comienza la película

La trasnochada familiar es una forma de diversión sin gasto. Saque fotos de esta noche extraordinaria. ¡A los niños les emocionará verlas para recordar la noche en que gobernaron la casa!

38 ¡Bravo! Una repetición de ahorros

Una salida al teatro significa un gasto muy elevado para muchos aficionados. La temporada para ellos tal vez consista en sólo dos presentaciones a las que podrán asistir, por razones de costo.

¿Se siente apretado?   Si ama el teatro pero le afecta el precio, considere sacrificar el ambiente y la tradición de las presentaciones nocturnas.

Hace poco, una amiga cercana me explicó cómo saca provecho de las funciones de matinée. Ella cambió la vida nocturna por el precio reducido de las entradas a las presentaciones que le interesan. Aunque estén ausentes los vestidos elegantes y las cenas especiales, las funciones de matinée pueden tener su encanto.

Un sueño de verano   Planee la compra de sus boletos. Determine cuidadosamente con cuánta anticipación debe adquirirlos. Llame al teatro para averiguar el programa y otra información necesaria. Anote la fecha en su calendario y ahorre o disponga el dinero necesario para comprar los boletos cuando salgan a la venta.

Planifique un almuerzo especial. Podría ser un picnic en el parque antes de la función. Tal vez puede llevar una grabación de la música de la obra para escucharla mientras almuerce. Celebre la ocasión de la mejor manera posible.

Compre los boletos en el día señalado en su calendario.

Utilice su agenda (haga arreglos en su trabajo y con su familia) y asista a la presentación.

¡Prepárese para el acto 1, escena 1!

39 La solución para la crisis financiera

¿Controla sus finanzas o es el dinero quien lo controla a usted?

Una ilusión común es pensar que si se gana más dinero, habrá menos preocupaciones. Mucha gente lo cree, pero en la práctica ocurre lo contrario. Se pone cada vez más difícil saber cuánto realmente tiene y cómo lo gasta. En especial, no es muy fácil determinarlo cuando uno debe hacer un compromiso financiero.

Es muy triste saber que hay gente que lo hace sin analizar con seriedad las cifras, basándose en una «corazonada». Rápidamente comienzan a gastar más de lo presupuestado y se preguntan: «¿Cómo me metí en esto?» Es por eso que se deben tener bien definidos los ingresos y los egresos antes de aceptar cualquier compromiso financiero. Una forma de evitar gastar lo que uno no tiene es computarizando las finanzas. Todo instrumento que le ayude en el control de las finanzas lo ayudará a ahorrar dinero.

Los beneficios de la computarización de las finanzas

Las computadoras y los programas son tan accesibles que toda familia debería invertir en ellos. Aparte de economizarle tiempo cuando llega el momento de pagar las cuentas, le dará control sobre su dinero, lo cual le ahorrará algunos dólares.

A continuación se encuentran algunas formas en que las computadoras pueden ser de utilidad.

- Organiza los gastos mensuales por categoría (servicios públicos, ropa, etc.).
- Suministra reportes de gastos. Lo que le permite comparar el gasto real con el presupuestado.
- Produce estados financieros que muestran los ingresos, los egresos y el producto neto.
- Registra todas sus deducciones para los impuestos.

40 Plan de ahorro y donaciones familiares

Una joven pareja con un presupuesto limitado en el primer año de matrimonio no pudo participar de varias fiestas de familia debido a la distancia que los separaba. Los pasajes aéreos para dos eran muy caros.

Una vez llamó el suegro y preguntó qué planes tenían para la Navidad. El esposo le informó que deseaban visitarlos, pero que la billetera no lo permitía. Como era un consultor de negocios talentoso y con abundancia de ideas, decidió ayudarlos a ahorrar empezando un fondo navideño. Colocó un jarro en la cocina donde todos debían depositar las monedas y los billetes sueltos.

Lo que ocurrió fue fenomenal. La familia entera y muchos otros ayudaron en la causa. Amigos de visita comenzaron a poner billetes de $5.00 y de $10.00 en la vasija. Los técnicos que fueron a reparar los electrodomésticos preguntaron para qué era el recipiente y también colocaron una contribución. Al acercarse la Navidad, papá llamó al matrimonio y les dijo que reservaran los pasajes pues parecía que el jarro estaba lleno. Cuando contaron el dinero, quedaron asombrados, pues sólo faltaban unos pocos dólares para alcanzar la cantidad necesaria.

Cómo utilizar los dólares perdidos   Usted ya lo sabe. Va al cajero automático de su banco y saca el dinero para la semana. Muy pronto usa un billete de $10.00 y empieza el segundo; una cadena de gastos sin principio ni fin. Una transacción seguida de otra, se le acaba el efectivo, saca más y sigue el ciclo. Aunque recuerde el porqué de las extracciones, saca más dinero del que necesita y termina usando el excedente en lo que denomino el esquema de gastos «ameba». Este programa no tiene forma. Las monedas y los billetes sueltos desaparecen de la cartera o la billetera y nadie sabe a dónde van. Es dinero en órbita. Lo que a continuación se describe es un plan de utilización de los dólares perdidos.

El propósito verdadero de este proyecto es apoyar una causa importante. Podría ser para pagarle el pasaje a un estudiante o ayudar a un niño tercermundista necesitado. Si ha de tener éxito, deberá personalizar el proyecto lo más posible. Es una buena manera de convertir tazas de café, caramelos y revistas innecesarias en una inversión significativa.

Proyecto del jarro   Pregunte a su esposa y a su familia para determinar cómo alcanzar los objetivos. Tal vez ya tenga una idea. Simplemente asegúrese que la meta sea proporcional al tamaño del jarro. (También disponga un plazo razonable para alcanzar su objetivo. Si desea tomar vacaciones de verano, comience a reunir en el otoño.)

Explique a toda la familia cómo depositar el dinero cada día:

- Revisar los bolsillos y la billetera
- Contribuir al fondo en vez de comprarse algo
- Hacer algún trabajo extra para aportar al proyecto
- Cada vez que use un billete de $20.00 aporte $1.00 al fondo

Busque un jarro transparente o un frasco grande (uno que le permita sacar el dinero fácilmente), póngale un rótulo y colóquelo en la cocina o algún otro lugar visible para la familia. Selle el frasco con cinta adhesiva, para que nadie sienta la tentación de retirar dinero en una emergencia.

Haga una contribución inicial para dar el primer impulso al proyecto. Coloque monedas y agregue algunos billetes para empezar.

De vez en cuando, ore a la hora de la comida por el proyecto o por los destinatarios.

Cuando expire el plazo de ahorro, cuente el dinero y preséntelo a la gente o al proyecto.

41 Compre al fabricante

Estos negocios ofrecen marcas de gran calidad y artículos para el hogar a precios que incluyen atractivos descuentos al consumidor. Puede encontrar una gama variada de mercancía como ropa de hombre y de mujer, artículos de deportes, porcelana china, etc., con descuentos que oscilan entre un 25 por ciento a un 75 por ciento del precio normal. Los centros comerciales pueden aniquilar al comprador que busca gangas sin un plan de ataque. Muchas de las personas que visitan estos comercios se frustran por las grandes cantidades de personas y las enormes estanterías con mercancía. Así que no vaya a estos lugares pensando que mientras pasea va a encontrar lo que necesita. ¡Esto es una guerra!

Quiero contar la experiencia de una joven madre. Acompañada por su bebé de dos meses y una amiga emprendió el viaje al centro comercial a la 1:00 p.m. del sábado. Mala decisión. La muchedumbre, el bebé, los problemas de estacionamiento y una tormenta la hicieron decir: «Nunca más». Planeó la visita siguiente de forma diferente. Tomó las riendas del centro comercial y no dejó que éste la controlara. El planeamiento y el estudio del mercado le dio una ventaja al llevar a cabo su excursión de compras.

1. Compre en estos lugares por temporada Planee las compras de los regalos en períodos de dos a tres meses. Parece ser algo muy grande para su bolsillo, pero en comparación con las compras impulsivas en cada ocasión, saldrá ganando.

2. Acumule información   Así como tener información da ventaja sobre el enemigo en una guerra, el mismo principio se puede utilizar en la compra en un centro comercial. Llame por adelantado para averiguar qué cadenas de negocios tienen representación allí. Mejor aún, llame a los establecimientos y pregunte qué productos venden.

3. Planee ir sin niños   Si es posible vaya sola o con una amiga. Deje los niños con parientes o con el cónyuge ese día. Entre las personas y la enormidad de esos lugares, los pequeñitos amados pueden perderse fácilmente.

4. Madrugue a atacar   Con el plan de batalla y el listado de regalos en mano, propóngase estar allí cuando abran las puertas. Un menor número de clientes le permiten relajarse (aunque sea un poco), o se puede seleccionar mejor y ahorrará tiempo.

42 Hogar, dulce hogar

Mi esposa tiene la suerte de tener una madre que es habilidosa en la decoración de interiores. Los adornos hechos en casa tienen algo especial y dan una sensación especial al hogar. La gente ha comentado que cuando entran a nuestra casa, se sienten a gusto. Ven sillas de roble, arreglos con flores de seda, coronitas, frazadas, sobrecamas tejidos, canastas hechas a mano y muchos otros artículos personales que le dicen a la gente que nos gusta pasar tiempo en nuestro hogar. Casi todos los elementos decorativos tienen historia, por lo general de cuidado, de familia y de creatividad.

Su hogar puede ser atractivo sin gastar fortunas. Por ejemplo, mi esposa siempre escucha buenos comentarios por un hermoso canasto que pintó y decoró con un moño de tela floreada. Todavía no he visto un lazo más lindo que ese y eso que frecuentamos bastantes tiendas. Hacerlo le costó unos $25.00 y una canasta similar cuesta alrededor de $75.00 y $100.00. Así que cuando admiro la nuestra, veo tanto su calidad decorativa como los $50.00 ahorrados. La historia de cómo llegó a ser, ilustra lo fácil que es la decoración interior y de los beneficios que produce.

La canasta nunca hubiera sido lo que es, si no fuera por una amiga, que invitó a cuatro mujeres a su hogar y les dijo que llevaran un canasto grande y una yarda de tela floreada. Juntas, armaron los lazos, pintaron los bordes y pegaron la tela a sus canastos según un diseño de un libro de artes manuales. Ninguna de ellas había hecho esto anteriormente.

Decoren juntas   Esta pequeña experiencia sugiere algunos pasos para ahorrar en la decoración del hogar y desarrollar un sentido comunitario.

- Congregue a varias personas para trabajar en conjunto en el proyecto
- Encuentre ideas en los libros de decoración en las tiendas de manualidades y en la biblioteca pública
- Compre materiales para la decoración y haga las manualidades usted misma
- Si no les interesa a sus amigas, tome una clase usted misma. Llame a la tienda donde venden materiales para hacer manualidades y pregunte dónde puede ir a aprender. Muchos tienen clases en el mismo negocio.

Como ocurre en muchas otras esferas de la vida, gastar menos e invertir sus esfuerzos incrementará el valor y la calidad de los bienes.

43 Cómo mudarse

Cualquiera que se haya mudado de un apartamento o de una casa sabe que la mayor aventura es descubrir todo lo que ha acumulado y encontrar la forma de hacerlo entrar en el camión. Si usted o algún familiar se va a mudar, he aquí algunos consejos de un experto en mudanzas.

El camión: ¡Alquílelo!   Basta decir que la diferencia entre el costo de alquiler del camión y contratar a una compañía de mudanza es literalmente miles de dólares. Asegúrese de comparar los precios de por lo menos tres compañías diferentes antes de firmar el contrato. Considere la distancia a recorrer y otras circunstancias pues estos factores pueden valer cientos de dólares. Usted puede usar la información obtenida para contratar la agencia más conveniente.

No se lleve lo que no necesita   ¿Cuántas veces dijo que vendería ese viejo archivo o esa bicicleta que le roba espacio en el garaje? Si nunca ha organizado una venta casera, este es el momento. Ya sea que se trate de ropa o pesas, la regla general es esta: «Si no se usa, no se lo lleve». Lo que no venda puede donarlo a alguna organización caritativa y obtener una deducción de sus impuestos. Además, entre amigos se puede preparar una venta casera. Seguramente se librará de bastantes cosas y le darán a cambio dinero en efectivo.

Materiales   Cada mudanza requiere muchas cajas, cinta adhesiva, etiquetas y papel para rellenar. Estos son algunos consejos para ahorrar:

- No compre cajas a menos que sea absolutamente necesario. La mejor manera de conseguirlas es pidiéndolas al gerente del mercado más cercano. Las de manzanas y de naranjas son las mejores pues requieren menor cantidad de cinta. Para las cajas más grandes, pídalas a los comerciantes de la zona o revise los contenedores de basura de los centros comerciales. La compra de envases de cartón corrugado en un negocio puede costar $100.00 o más.
- Compre grandes rollos de cinta adhesiva en la ferretería. Los pequeños que se venden en el mercado y en los negocios cercanos cuestan mucho. Pregunte a algún amigo o a su empleador si le puede prestar un dispensador de cinta para rollos grandes. Le ahorrará mucho tiempo y esfuerzo.

Frazadas   En los negocios, le cobran el alquiler de las frazadas y no se puede quedar con ellas. Es una inversión perdida. Al empacar, aparte frazadas, sábanas y alfombras viejas que sirvan para proteger los muebles que irán en el camión.

Otra vez de camino   Lleve su propia comida pues cuando la compra en los establecimientos y en los restaurantes se suma al costo de la mudanza. Adquiera de antemano todas las bebidas, las viandas y frutas. Usted estará más tiempo en el camino y menos en los restaurantes mientras ahorra dinero.

Si tiene que dormir en algún lugar, encontrará cupones de descuento para hoteles y moteles en los atlas de rutas o en los autoclubes. Sáqueles provecho y si es posible quédese con amigos y familiares que vivan en alguna ciudad o pueblo camino a su nuevo hogar.

Ahorre en el consumo del combustible, viaje al límite de velocidad. Llevar cargas pesadas a alta velocidad cuestan más.

44 Ahorre en los saludos de Navidad

En cada Navidad las familias reciben tarjetas hermosas. Todas tienen su propio mensaje y su propia magia. Imágenes de la época, mensajes de gozo, escenas de la natividad y otros símbolos significativos llevan la firma del que envió la tarjeta. De todas las que hay para elegir, el individuo seleccionó sólo una.

Tal vez las conserve por meses antes de botarlas. ¿Qué más puede hacer con tarjetas de Navidad usadas?

Exhíbalas y ahorre   En vez de guardar esas tarjetas en un cajón, en un armario o en una gaveta por un tiempo, hasta decidir tirarlas, déles otra vida. Pase la belleza y la bendición de estas tarjetas a otros. Usted ahorrará dinero al comprar menos tarjetas el año siguiente y ayudará en el esfuerzo de reciclaje.

- Tenga una caja de zapatos y una tijera a mano cuando empiecen a llegar las tarjetas.
- Luego de haber dado tiempo suficiente a toda la familia para disfrutarlas (leyéndolas, colgándolas sobre algún lugar preferido del hogar, desplegándolas en un bonito mantel, etc.), recorte la sección con el mensaje navideño y conserve la otra mitad.

- Escriba con lápiz un número en el margen superior derecho y registre ese número en un papel que indique quién la envió, pues no debe mandarla a la misma persona que se la regaló.
- Al concluir la temporada festiva guarde la caja de tarjetas con los otros elementos de decoración para el próximo año. Antes que se dé cuenta va a estar rebuscando en esa caja.
- Para darle uso a estas tarjetas deberá verlas como si fueran postales. Afortunadamente, tienen espacios amplios para escribir una nota personal.

Las ventajas del reciclaje de tarjetas de Navidad

Ahorra en la compra de las tarjetas (entre $4.00 y $10.00 por caja) y en el timbre postal. Averigüe los requerimientos postales. Usted también agrega un toque personal con su nota.

45 Películas, dinero y recuerdos

Uno de los argumentos persuasivos utilizados por muchos niños es: «Pero, mamá, todos los niños en la escuela _____». Llene el espacio. Podría ser ropa, zapatos, un peinado o cualquier cosa en la que se interesan los niños en una semana determinada. El tradicional padre sabio responde: «Si todos los niños de la escuela saltaran a un precipicio, ¿también lo harías?

Muchas veces la tensión entre el padre y el hijo no tiene su raíz en el hecho en sí, sino en la presión financiera que ejerce la actividad. Por ejemplo, podría ser que a un padre no le moleste que su hijo maneje el auto, pero el costo del seguro lo hace prohibitivo. Los padres son como cajeros automáticos con brazos, piernas y bocas, pero con una diferencia importante: Su dinero efectivo *no es* infinito (esto sorprenderá a la mayoría de los chicos).

Un pedido que los padres pueden satisfacer a menudo es el deseo de ver una película en el cine. Siempre que aprueben el contenido y la consideren conveniente, pueden planear un día familiar que seguramente agradará aun al crítico más selectivo y ha de ahorrarle dinero en el ínterin.

Haga matinées memorables   Comience una tradición mensual o bimestral de ir con sus hijos a ver una función de matinée el fin de semana. Ahorrará entre $1.00 y $2.50 por boleto.

Prepare una comida para disfrutar en casa antes de ver la película y disminuya el consumo de chucherías caras y sin cualidades nutritivas que venden en el cine. Los dibujos animados atraen a jóvenes y mayores por igual. A veces no habrá una película conveniente para toda la familia. En ese caso organice una actividad diferente para pasarla juntos.

Después de la película, disfruten una cena en familia para concluir la jornada.

Esta le ahorra dinero, pero lo más importante es que una reunión familiar satisface el deseo juvenil de la película y deja muy buenos recuerdos.

46 Antes de comprometerse

Cuando Beth y Joel tasaron sus anillos de bodas para efectos del seguro, si alguien los hubiera visto podría haber notado la risa en sus rostros. Los llevaron a un joyero detallista en el centro comercial y después de solicitar un turno con el experto, se los entregaron. Él los inspeccionó, hizo algunas anotaciones y finalmente les tasó los anillos al triple de lo que habían pagado. En definitiva, les dijo cuánto pagarían por esas joyas si las hubieran comprado en una joyería tradicional.

El dilema   Cuando por fin llegó el momento de contraer matrimonio, Joel tenía todo bajo control, con excepción de cómo conseguir el mejor anillo de compromiso al precio más bajo. Tal como la mayoría de los que están por casarse, no sabía qué hacer.

Cómo encontrar un reconocido experto en diamantes
El primer paso sería preguntar a los recién casados cómo adquirieron el anillo de bodas. Aunque la mayoría de los hombres crean que consiguieron un buen precio en la compra del diamante, espere a que alguien le recomiende un joyero. Estos individuos compran los diamantes directamente al productor y al no tratar con intermediarios le ofrecen mayores ahorros.

Pregúntele cómo fue el proceso. ¿Tuvo la oportunidad de inspeccionar el diamante? ¿Le dio el joyero información acerca de los distintos tamaños, calidades, estilos y precios? ¿Quién le puso en contacto con él? ¿Lo ha recomendado a otros; les satisfizo?

Haga una cita con el joyero. Dígale más o menos cuánto puede pagar. Nunca hable de una cantidad exacta. Al darle un aproximado, podrá ver una variedad mayor de diamantes y tendrá la oportunidad de negociar el precio.

Antes de ir a la entrevista, averigüe los detalles del diamante que compró la persona que le recomendó este joyero. Tener esta información le dará parámetros en los cuales apoyarse. Mientras más sepa de antemano, mejor podrá negociar. Infórmese acerca del tamaño de un quilate, niveles de claridad y cómo inciden en el precio. Usted puede aprender esto preguntando en las joyerías de la zona. Les agrada mucho que usted mire sus diamantes.

Entreviste al joyero en donde usted trabaja o en un lugar neutro. Explíquele otra vez cuál es el rango de precio que desea y qué tiene para ofrecer. Asegúrese de inspeccionar los diamantes. Usted va a querer mantener el nivel de claridad en cualquier tamaño que elija. Pregunte también el costo del montaje. Algunos joyeros le obsequiarán el anillo cuando le compra el diamante. Para el avalúo, solicite que el oro tenga el sello de calidad.

Pídale una tarjeta y pregunte cuándo le entregará el producto.

Pague contra recibo de la mercancía.

Aunque las alternativas financieras varíen, si está interesado en el ahorro de cientos de dólares en su anillo de compromiso, trate de encontrar un experto.

47 La palabra que empieza con *P*

Con sólo mencionar la palabra *presupuesto* las personas normales empiezan a sentir calor en el cuello, las manos transpiran y parece que se incomodan. Por tradición cuando uno habla de presupuesto, le vienen a la mente imágenes de libros de contabilidad y un peso que no puede soportar. ¿A qué se debe tanta reacción?

Una ilustración simple demostrará lo que digo. En una cierta posición y con la cantidad de luz justa, un dinosaurio de juguete puede dar una sombra que aterraría a cualquier niño. Encienda otra luz y desaparecerá la sombra que causaba terror al pequeño, pues verá que era sólo un juguete de plástico. Muchos matrimonios y familias que no han dispuesto un presupuesto ven sólo una sombra de lo que es el mismo. Todavía no han encendido la luz.

¡Clic! Prendimos la luz. ¿Qué es lo que vemos? Una excelente herramienta de libertad, de ahorro y de asistencia para salir de las deudas y quedar libre de ellas. Más aún, contribuye a programar las donaciones a la iglesia y a las agencias que ayudan a los necesitados. Debemos hacer un *plan de gastos*. Esto parece bien y sugiere sabiduría en el gasto y en el control del dinero para evitar ataduras financieras. Una vez que obtengamos la libertad financiera, nunca miraremos para atrás. ¿Quién quiere volver a una vida de ansiedad, tensión y preocupación? Yo no, gracias.

Un plan de gastos   La novedad es que muchos matrimonios, individuos y familias pueden implementar un plan de reducción de gastos sin afectar mucho su estilo de vida. A continuación encontrarán cómo comenzar un plan de gastos de inmediato.

Primer paso: ¿Cuáles son mis gastos mensuales?

Gastos fijos

Ofrendas*   _____

Hipoteca, alquiler   _____

Seguro de la residencia   _____

Cuota del automóvil   _____

Total   _____

Gastos variables

Comida   _____

Deuda   _____

Servicios   _____

Seguro (de vida, médico, de auto)   _____

Entretenimiento, recreación   _____

Ropa   _____

Médicos   _____

Dentistas   _____

Ahorros   _____

Varios   _____

Total   _____

---

* El autor ve la ofrenda a la obra de la iglesia como un gasto fijo, pero acepta que el lector pueda disentir.

Segundo paso: ¿Cuál es mi ingreso mensual?

Salario _____

Alquileres _____

Bonos _____

Dividendos _____

Reembolsos impositivos _____

Otros

Total _____

Tercer paso: Compare sus ingresos contra sus egresos para ver si está gastando demasiado

Sus ingresos _____

Menos los gastos fijos
y variables _____ –

Saldo _____

Si su saldo es positivo, su plan trabaja adecuadamente y necesita supervisarlo en forma continuada. Si es negativo, requiere analizar cada rubro presupuestario y ajustarlo hasta que sea positivo.

Pregúntese: ¿Cómo puedo ahorrar en cada renglón? ¿Cómo puedo empezar de inmediato a hacer los ajustes necesarios? ¿Con quién puedo compartir esta decisión? ¿Cuál es la meta para salir de la deuda?

Escriba las preguntas y las respuestas en un papel y dígaselas a alguna persona que lo ayude a mantener el compromiso.

Yo no puedo   Créame, usted no está solo. Las situaciones más difíciles pueden revertirse. No va a ocurrir de la noche a la mañana, pero comienza con una pequeña decisión de recortar un gasto y ser consecuente. Luego encuentre otro renglón a reducir y continúe el ciclo.

48 Sabiduría al comprar automóviles

Roger es la persona que desea que lo acompañe cuando sale a comprar un auto. A continuación le describo lo que está en su cabeza cuando va a adquirir un automóvil.

Costo del concesionario Roger averigua el costo del concesionario antes de pisar el lugar. Como regla general, el conocimiento da poder en la negociación. Él también busca un auto similar usado y con pocas millas en venta en los clasificados del diario como referencia. El precio de lista es irrelevante. Simplemente rehúsa pagar más del 2 al 6 por ciento del costo del concesionario. Ni hace falta «hablar con el gerente». El concesionario tendrá una ganancia apropiada y proporcional al gasto del comprador.

Antes de aventurarse a una transacción confiando en su habilidad negociadora, averigüe el costo del vehículo deseado. Si no tiene esta información tal vez efectúe la compra creyendo que hizo un buen negocio, cuando el que ganó fue el vendedor.

Auto usado con pocas millas Usted va a pagar una prima por el olor a nuevo. Considere otra estrategia. Roger procura encontrar autos usados con pocas millas. Es una opción que más y más compradores están eligiendo. Hay una gran variedad de modelos (aun importados) para elegir y los ahorros son tremendos. Por ejemplo: un matrimonio compró un Volvo, que cuesta nuevo $21.000.00 por $14.000.00 pues había sido usado por una compañía de alquiler de autos.

Roger sabe lo que es mejor   Hágale caso a Roger para conseguir el mejor negocio:

- Defina no más de cuatro modelos a comprar antes de ir al concesionario. No deje que lo presionen en la adquisición de un automóvil demasiado caro para su presupuesto.
- Averigüe si lo que desea se encuentra en venta usado y con pocas millas. Llame a compañías de alquiler de autos. Pregúntele al concesionario.
- Determine cuánto vale el auto que entrega en parte de pago antes de ir al concesionario.
- Negocie desde el costo hacia arriba, nunca desde el precio de lista hacia abajo.
- No tenga temor de interrumpir la negociación e irse. Déjele al vendedor su nombre y número de teléfono. ¡Tal vez le sorprenda la reacción!

49 Compra inteligente para hombres

La ropa le presenta al hombre un dilema. Si debe usar un traje con corbata todos los días, la ropa se gastará rápido. Cuando llega el momento de impresionar a algún cliente o a su jefe, es difícil mantener un buen ropero. ¿Cómo hacerlo sin endeudarse? Por fortuna hay una buena manera de comprar buena ropa que le permitirá fanfarronear con sus colegas acerca de cuánto ahorró.

El momento   El momento de la compra es lo que más importa cuando se debe ahorrar. La mejor oportunidad es el día después de Navidad. La ropa de hombre, en general, sufre grandes descuentos el 26 de diciembre. Revise su ropero para determinar lo que necesita y salga a buscar precio.

La búsqueda   Al ir de compras para Navidad, observe la mercadería y tome nota. Revise la sección de ropa de hombre para ver lo que está en oferta. Si le gusta una cierta marca, pregunte a un vendedor si esos productos se ofrecerán en algún momento con descuento. La satisfacción mayor es conseguir la mejor calidad por menos.

La cacería   Con la lista en mano, planee su expedición para el amanecer del 26 de diciembre. Tenga en cuenta lo que posee y determine los objetivos. La idea de entrar y salir del negocio lo más rápido posible es lo que más le gusta a la mayoría de los hombres.

¿Qué buscar?   Ya que la meta es buena calidad por menos, a continuación se describe qué buscar y comprar con descuento:

- Camisas de vestir de algodón
- Pantalones de lana
- Zapatos de vestir
- Cinturones de cuero
- Medias de vestir
- Corbatas
- Trajes
- Sacos sport

Cuanto mejor sea la calidad, más duradera será la compra. Busque elementos básicos que sirvan para combinar y ahorre dinero.

La Navidad pasada   El año pasado ahorré $175.00 en las compras de zapatos, camisas, un pantalón y corbatas.

Artículo	*Precio normal*	*Precio pagado*	*Ahorro*
Zapatos	$120.00	$ 50.00	$ 70.00
Dos camisas de puro algodón (a $38.00 cada una)	$ 76.00	$ 42.00	$ 34.00
Pantalón de lana	$ 89.00	$ 48.00	$ 41.00
Dos corbatas de seda (a $30.00 cada una)	$ 60.00	$ 30.00	$ 30.00
Total	$345.00	$170.00	$175.00

Aunque $170.00 le parezca mucho gasto de una sola vez, es la única compra para ropa de negocios que habrá efectuado ese año. Divida el gasto entre doce y resulta ser menos de $15.00 por mes.

P.D. Las mujeres pueden aplicar la misma estrategia.

50 Rumbo a la universidad

Los estudiantes en camino a la universidad se dividen en dos categorías diferentes: becados y no becados. Para los últimos, sus familias ya han sufrido muchos de los sacrificios para que esta etapa de la vida educativa sea una realidad. Como durante esos cuatro a seis años los costos universitarios ascenderán a varias decenas de miles de dólares, los padres deben participar del proceso de selección de la casa de estudios. Su participación podría ahorrar grandes cantidades de dinero. Si financia la educación de su hijo, entonces el hecho crucial es decidir si lo ha de enviar a una institución pública o privada.

Educación pública Las familias de clase media deberían considerar seriamente la posibilidad de mandar a sus hijos a una institución pública de renombre. Más del 75 por ciento de los estudiantes en América asisten a universidades públicas. Aunque hay varios factores que inciden, el incentivo mayor es el costo. Con los precios ascendentes y poca ayuda federal los padres se ven forzados a tomar en cuenta los buenos centros de enseñanza. Los resultados de estos análisis son positivos. Detallamos las razones.

Costo

- En la mayoría de las universidades públicas, los estudiantes pagan menos del 30 por ciento del costo total de la educación pues el resto es subsidiado por programas estatales.

- La diferencia entre el costo de la educación pública y privada es de unos $7.000.00.

Títulos ofrecidos

- Las escuelas estatales tienen mayor cantidad de estudiantes, por lo que naturalmente necesitan ofrecer una gama mayor de disciplinas y especialidades.
- Las universidades estatales se especializan en áreas generalmente ausentes en las instituciones privadas (por ejemplo: la politecnia, la agricultura o la administración de alimentos).
- Las universidades estatales también imparten las disciplinas básicas de la ingeniería, la administración de empresas y las ciencias de la computación. Estos estudios dan cabida a mejores salarios a los que se inician en el mercado laboral.

Las opiniones cambian   Las universidades públicas se están beneficiando por un giro notorio de la opinión pública de sus virtudes académicas. Esta tendencia favorece al estudiante en los aspectos económico y académico. A continuación damos una lista de las ocho mejores instituciones públicas:

- University of California, en especial, los campos de Berkley y Los Ángeles
- Miami University, en Ohio
- University of Michigan, en Ann Arbor
- University of North Carolina, en Chapel Hill
- University of Texas, en Austin
- University of Vermont, en Burlington
- University of Virginia, en Charlottesville
- William and Mary College, de Virginia

A continuación una lista de las ocho siguientes:

- University of Colorado, en Boulder
- Georgia Institute of Technology

- New College of the University of Southern Florida
- University of Illinois, en Urbana/Champaign
- Pennsylvania State University
- State University of New York, en Binghamton
- University of Wisconsin, en Madison

Algunas sugerencias   Ya que la calidad de la educación pública puede variar mucho entre una escuela y otra, los padres y los estudiantes deberían evaluar y solicitar la inscripción en un grupo de las más reconocidas. El criterio de evaluación generalmente aceptado es este:

- La cantidad de alumnos por maestro
- Porcentaje de los profesores de la facultad que poseen un doctorado
- Los horarios y tamaño promedio de las clases
- Cantidad de programas de posgrado ofrecidos

La mejor evaluación se puede obtener de un estudiante cursando sus estudios en la universidad en cuestión. Pregunte lo siguiente:

- La opinión sobre las clases que desea tomar
- Porcentaje de clases en las que enseña un profesor en vez de un alumno graduado
- Tamaño de las clases
- Interacción de los alumnos con los profesores

51 Gastos basados en la realidad

El otro día Ana y Tadeo fueron a cambiar una ropa de niño. Al procesar la transacción, debían abonar una pequeña diferencia en dólares y Ana con naturalidad dijo: «Cárguela a mi tarjeta». Tadeo no lo podía creer y su rostro lo reflejaba. Su cerebro estaba funcionando a una velocidad tan elevada que le costó decir: «¿Por qué?» Ella le dijo que prefería usar el «plástico» en vez del efectivo porque le gustaba tener los billetes en la billetera.

Esta pequeña anécdota refleja la razón por la que tantos americanos se quedan paralizados por una tarjetita de plástico. Es indolora. Es la mediadora del peso emocional de la transacción. Pero el problema es que lo único que uno hace es aplazar el momento del pago y a veces el dolor termina siendo mayor que pagar con efectivo en el momento de la compra. Los matrimonios deben enfrentarse con el resultado de las decisiones que tomen, que a menudo conducen a disputas y al desánimo.

Compre sólo con efectivo o con cheques   Una de las formas más rápidas de dejar de acumular deudas y de ponerlas bajo control, es pagar con efectivo o con cheques. Yo lo denomino compras basadas en la realidad. El lema: «No gaste lo que no tiene». Es vivir en basc a la realidad en vez de vivir una fantasía.

Ahorros efectivos   Cuando compre con plástico, se llevará las cosas más caras. Hay una razón simple: cuando la gente usa las tarjetas de crédito en forma excesiva no sienten la realidad de la transacción, pues son la anestesia para la deuda. Ésta taladra un agujero en la economía de la persona sin que se sienta nada.

Salir de compras con efectivo o con cheques le permite percibir lo que cuesta desprenderse de los billetes que tanto costó ganar. Le obliga a bajar al plano de la realidad y, en consecuencia, a buscar los mejores precios.

52 A cada cual le llega su turno

Muchas personas quieren comprar una casa, tienen ansias de sacarle provecho a un momento favorable del mercado, necesitan más espacio o están cansados de alquilar, pero entienden que no pueden y se sienten desesperados. Hay dos razones comunes que impiden que el sueño americano se haga realidad: una, pocos ahorros y problemas de crédito; y la otra es que tienen el peso económico de algún gasto importante que los dejó con una deuda (gastos médicos, de educación, etc.). Afortunadamente, los compradores en potencia tienen algunas alternativas. Hay dos formas en que un matrimonio puede comprar una casa y ahorrar dinero.

Cómo estirar el dinero para la compra de la casa

Préstamo federal o estatal a bajo costo   Además de los préstamos del FHA, existe un nuevo programa denominado 3/2 y es para aquellos que tienen muy poco dinero para el anticipo. Le permite a un familiar, al empleador o a una organización sin fines de lucro darle o prestarle el 2 por ciento del monto de la transacción, mientras el comprador pone el 3 por ciento y obtiene una hipoteca del 95 por ciento. Estos préstamos se ofrecen a través del Federal National Mortgage Association, o Fanny Mae.

Del mismo modo, muchos estados ofrecen asistencia a los residentes que desean comprar su primera vivienda. Estos programas brindan hipotecas al valor corriente pero requieren un anticipo mínimo del 5 por ciento. Llame o escriba a la dirección de vivienda de su estado para ver si puede ser un beneficiario de este programa.

Compre una vivienda financiada por el propietario

Los propietarios deseosos de vender rápidamente su propiedad puede que tengan interés en financiar la transacción ellos mismos. Esta estrategia sirve para los que han pagado el total de sus casas. En este caso, el comprador paga cuotas mensuales al vendedor, y éste le da el título al comprador. En definitiva, el vendedor cumple la función del banco, pues asume el riesgo financiero.

Corporaciones que venden propiedades de los empleados

Cuando los empleados son transferidos a nuevos sitios y se les hace difícil vender sus casas, optan por vendérselas a la compañía que, a su vez, deberá venderla en el mercado. De las casas en oferta, el 18 por ciento están en posesión de compañías para la reventa, es posible que ellas estén dispuestas a entregarlas con poco anticipo y con una tasa de interés baja.

Alquile con opción a compra

En este caso, el comprador obtiene el acuerdo del vendedor para adquirir la casa en un año. El comprador firma un contrato de alquiler que fija el precio y la obligación de pago. Esta es una buena estrategia cuando usted sabe con certeza que contará con el dinero suficiente para el anticipo al año siguiente. Otra de las ventajas de esta alternativa es que parte del alquiler mensual se aplique contra el anticipo, dándole así tiempo y la posibilidad de acumular más dinero para la compra.

Compre en un remate de constructores

Algunos constructores en aprietos que desean vender rápidamente sus propiedades, las colocan en remate. Cuando esto
ocurre, el comprador se verá beneficiado si averigua con su
agente inmobiliario a cuánto se vendieron propiedades similares y cuántas quedan sin vender. Para enterarse de remates
futuros, lea la sección inmobiliaria del diario y pregúntele
también a los agentes inmobiliarios locales.

Un desafío final

Ahora que los he llevado conmigo por el camino del ahorro, ¿me llevaría usted consigo?

Dígame Sin duda muchos de ustedes se preguntarán por qué no incluí algún consejo que les sirva. Afortunadamente hay muchas maneras más para estirar el dinero de las que describí en este libro.

- ¿Cuáles áreas potenciales de ahorro he excluido?
- ¿Cómo se obtienen los ahorros en esas áreas?
- ¿Cómo se beneficia usted al ahorrar en esas áreas?
- ¿Cuánto ahorra a largo plazo?

Si desea compartir su idea conmigo, escríbame explicando su forma de estirar el dinero a:

52 Formas de estirar el dinero

159 Via Serena

Rancho Santa Margarita, California 92688

Epílogo

Espero que los principios enunciados en este libro le ayuden a enriquecer sus relaciones más importantes. Algunos, sin embargo, estamos metidos en un ciclo de gastos y no podemos salir. En consecuencia, nuestras relaciones más allegadas se ven afectadas, y cualquier sensación de alivio dura poco, pues en seguida se le sobreponen sentimientos de culpa, vergüenza y conflicto.

Un desafío presentado en este libro es hacer un inventario de nuestras actitudes, comportamiento y la administración de las finanzas. La forma en que gastamos el dinero proviene a menudo de conflictos internos. Los hábitos destructivos de gasto son intentos inútiles de solucionar los problemas. Esto, a la larga nos produce más problemas que lo que a corto plazo promete solucionar. Anécdotas simples no pueden resolver este problema.

La buena noticia es que aun las situaciones más difíciles se pueden corregir con ayuda adecuada y buen cuidado. Se necesita valor para afrontar estos problemas y humildad para expresárselos a alguien. Hay personas que entienden la crisis por la que usted está pasando y pueden ayudarlo. Puede tener un nuevo comienzo en la vida.

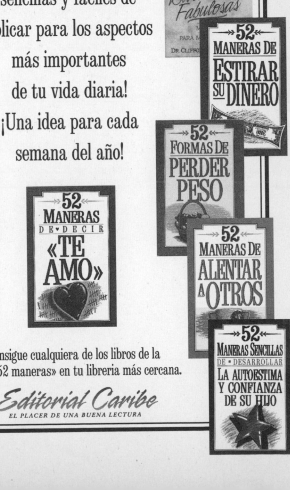

52

MANERAS

52 MANERAS DE CULTIVAR LAS HABILIDADES NATURALES DE SU HIJO

52 MANERAS DE REDUCIR EL ESTRÉS EN TU VIDA

52 MANERAS DE AYUDAR A LOS NIÑOS A LIDIAR CON EL MIEDO y sentirse seguros

52 MANERAS DE *Tener Relaciones Sexuales Divertidas y Fabulosas* PARA M... DR. CLIFFO...

¡Sugerencias prácticas, sencillas y fáciles de aplicar para los aspectos más importantes de tu vida diaria! ¡Una idea para cada semana del año!

52 MANERAS DE ELEVAR TU AUTOESTIMA

52 MANERAS DE ESTIRAR SU DINERO

52 MANERAS SENCILLAS DE ENSEÑARLE A SU NIÑO ACERCA DE DIOS

52 FORMAS DE PERDER PESO

52 MANERAS DE DECIR «TE AMO»

52 MANERAS DE PREVENIR LA ENFERMEDAD CARDIACA

52 MANERAS DE ALENTAR A OTROS

52 MANERAS DE PROTEGERSE DEL CÁNCER

52 MANERAS SENCILLAS DE DESARROLLAR LA AUTOESTIMA Y CONFIANZA DE SU HIJO

Consigue cualquiera de los libros de la Serie «52 maneras» en tu librería más cercana.

Editorial Caribe
EL PLACER DE UNA BUENA LECTURA

Veronica Garcia. F

Alejandro G.